オンライン教育熟議
オン・コメニウス

相馬 伸一 [著]

晃洋書房

ひとつのメールから

　2020年4月初旬，ひとりの男が一通のメールを読んでいた．

　前年の暮れから感染が報告された新型コロナウィルスは，年が明けると世界各地に広がり，3月には日本でも学校の休校要請があり，社会活動は広い分野で自粛を余儀なくされた．

　伝染病は，14世紀のペスト（黒死病）や20世紀のスペイン風邪に見られるように，人類にとって大きな脅威だった．21世紀になっても感染防止のためにはステイ・ホームしかないというのは，人間の無力を思い知らされる事態といえる．

　男は京都の大学で働き，17世紀チェコの思想家コメニウスについて研究している．コメニウスは，ラテン語表記ではヨハネス・アモス・コメニウス，チェコ語表記ではヤン・アーモス・コメンスキーという．生まれたのは1592年，日本では豊臣秀吉が全国を統一した年にあたる．出身は現在のチェコ共和国．ヨーロッパの中央部にある，六角形を上下につぶしたような形の北海道くらいの広さの国だ．コメニウスは，この国の東部のモラヴィア地方のさらにその南東部に生まれた．彼は宗教的な理由から30代半ばで祖国を離れ，ヨーロッパ各地を転々とし，亡くなったのは現在のオランダの首都アムステルダムだった．1670年のことである．コメニウスはさまざまな業績を残したが，とくに世界初の絵入り教科書といわれる『世界図絵』（オルビス・ピクトゥス）は，何世紀にもわたって読み継がれ，このために教育分野で知られてきた．

　2020年はコメニウスが亡くなって350年にあたる．前年の10月末，東京のチェコ・ファンデーションから男にコメニウス没後350年の企画をしないかというオファーがあった．男は小躍りする思いだった．自分が関心を持っていることを広く社会に発信できるのは，素直に嬉しいことだ．コメニウスの誕生日は3月28日で，この日はチェコの「教師の日」でもある．行事はこの日に予定された．しかし，新型コロナウィルスの感染拡大のために，行事は延期になってしまった．入念な準備をしてきた男はさすがに凹んだ．メールは行事の企画に一緒にとりくんできた女性からである．

　　風和　夕　先生
　　春学期がオンライン授業になったと伺いました．ご準備で大変だと思います．

　こちらは，孫たちが来てにぎやかです．学校が休校になりましたが，東京に働きに出ている娘は，すべてテレワークというわけにもいかず，私が預かることになったのです．

　さいわい，それほど手はかからないので，この機会にコメニウスのことを勉強しようと思い，先生のご本をはじめ，教育の歴史や思想に関する本を読みました．彼のドラマティックな人生に改めて感銘を受け，教育だけに限っても，彼の考えに対してはいろいろな解釈や評価があることもわかりました．コロナ禍は一日も早く収束してほしいですが，教養を深める機会ができたのは救いだと思います．

　ところで，知識はとても豊かになったのですが，疑問もたくさん出てきました．私は出版社におりましたので，研究が日進月歩なのはわかりますが，一般的な読者は置いてきぼりにされてしまいます．時には振り返って，「要するに何が言えるのか」という問いにも答えていただいてもいいのではないか，と考えます．これは，専門家と読者をつなぐ間にいた現役時代，私が感じ続けていたことでした．

　そこで，提案なのですが，せっかくの巣ごもり期間を活かして，「コメニウスは要するに教育についてどう考えていたか」，「21世紀においてはどのような意義があるか」といったテーマでオンライン対談するというのはいかがでしょうか．孫が身近にいて，教育のことを改めて考えたいとも思いました．チェコ・ファンデーションの高田エレナさんも関心があるようなら，入ってもらえればと思います．急なお話で恐縮ですが，もしご検討いただければ，望外の喜びです．

　先生とご家族のご無事をお祈りしています．蛇足かと思いましたが，趣味で描いた野草の絵のファイルを添付します．

草々

　2020年4月2日

森　有紀子

　森有紀子は，東京の出版社で編集の仕事をするかたわら，戦争中にチェコの強制収容所に送られた子どもたちのことを調べてきた．今は，チェコと日本の交流の橋渡しにとりくんでいる．非常勤で高校の教壇に立っていたこともあるという．

　風和夕というこの男は，昨日からこのメールを読んでいる．添付されてきた野草の絵が目に優しい．スマホの待ち受け画面にしたいくらいだ．

　自分が研究者だと思っている者は，「要するにどうなのですか」というような質問に，「それを自分で考えることこそが学問です」などと拒否ることが多い．インターネットのおかげで，なんでも一応の答えが得られるようになっていることを考えれば，そういう冷たい対応も間違いではない．しかし，森というこの女性は，努力もしないで答えを求めているわけではない．いろいろな読み手やニーズを考えた発信があってもよいだろう，と提案しているのだ．

　そしてこれは，コメニウス自身が重視したことだった．コメニウスは，教育が

まだ一部の階層に限られていた時代に，「あらゆる人に，あらゆることを，あらゆる側面から教える」という理想を掲げた．彼は，著した教科書が長すぎるというクレームがあれば，入門的な短いものを編纂した．学者としては理論的な本もたくさん書いたが，小説も著したし，対談スタイルの著作もある．そして，挿絵入りの教科書『世界図絵』は，何世紀にもわたって世界に広がった．

　「テキトーじゃいけないけど，コメニウスが教育についてどう考えていたかを整理して，それをもとに教育について話すのは，コメニウスの生き方からしても意味のあることだ．」

　夕は森に返事をした．すぐに返ってきたメールには，チェコ・ファンデーションの高田エレナからも参加したいという返事があった，と書かれていた．高田はコメニウスが生まれたモラヴィア出身で，日本人と結婚後に来日して30年以上になり，見事な日本語を操る．モラヴィア人は，首都のプラハを中心としたボヘミア人よりも人懐っこいと言われるが，その通りのホスピタリティにあふれている．

　週末の夕方には，もう準備のオンラインミーティングがもたれた．

森：聞こえてますか．今日はありがとうございます．このたびは，ご無理をお願いするようですみません．

風和（以下，風）：こちらこそ．ちょうどオンデマンド授業の準備も一段落したところでしたし，こういう機会が与えられて嬉しいです．

高田（以下，高）：巣ごもり生活でも，こうやって意味のあることをお話しできるのは，コロナなんかに負けてない，っていう気になれますね（微笑）．

風：コメニウスの生きた17世紀にもペストが流行って，アイザック・ニュートンなんか半ば隠遁生活を余儀なくされていたわけですけど，そのなかで万有引力の法則を見出したっていわれています．移動の自由を奪われてますけど，大いに精神の自由を発揮したいですね．

森：言い出しっぺの私より熱量が高いですね（笑）．学生時代に教職課程をとっていましたけど，コメニウスは「近代教育学の祖」だって教えられました．今年は没後350年でもありますし，その教育思想について考えられたらと思います．

高：コメニウスは，ヨーロッパでは「諸国民の教師」って呼ばれています．チェコでは200コルナ札の肖像にもなってますし，学校の教室にはコメニウスの言葉が貼ってあって，知らない人はいません．

風：日本では，教育分野では多少知られていますが，それ以外の分野では無名に近いのが残念です．「コメニウス」と聞いた農家の方が，米価とかの「米の

ニュース」と勘違いしたとか，「米に臼（うす）」で餅をつくのかと思ったなんていう話があります．いや，のっけから余計なことを言いました（恥）．

高：（軽くスルー）日本での記念行事は延期になってしまいましたけど，チェコの情報を調べてみたら，以前は記念の年ごとに盛大な行事が行われていたのに，今回はそれほど盛り上がってないみたいです．

風：森さんが，コメニウスの今日的な意義について話したいと言ってこられた時，私はもちろん嬉しかったのですが，複雑な気持ちもありました．

森：どういうことでしょう？

風：簡単に言えば，一方には速攻で役に立つ情報を欲しがるニーズが高まっていて，他方では歴史への関心とかリスペクトが薄れているんです．

　以前，アクティブラーニングをテーマにシンポジウムを企画したことがあります．私は教育思想の歴史を研究してますから，そういう内容も少し盛り込んだんですが，現職20年以上だという教師が，「明日から授業ですぐに使えるネタを仕入れられると思ったのに，期待外れだった」とアンケートに書いていました（嘆）．

森：教育現場が忙しくて，落ち着いて考える余裕がないというのは問題ですけど，どんな知識でも，かみ砕いて自分のものにしないと，使えるわけがないですよね．

高：歴史へのリスペクトの低下についてはいかがですか？

風：研究って，今まで言われていたことの繰り返しじゃ評価されません．何か新しいことを言わなきゃならないわけです．コメニウスはチェコ民族のアイデンティティの拠りどころのひとつとされてきましたが，民主化されて自由な研究が行われるようになって，コメニウスの思想がそれぞれの時代に都合よく解釈されてきた，っていうことが明らかにされたんですね．すると，「なあんだ，作られた美談だったのか」ってことになったんですね．チェコでかつてのような熱さで注目されなくなっているのには，そういう背景があるんじゃないでしょうか．

森：研究って，美しくて立派だって言われてきたことの裏を暴いちゃう面があるわけですね．でも，そうやって「それは神話だ」って解体していっちゃったら，いったい何が残るんでしょうか．

風：専門家には，過去の思想の現代的意義を問うなんていうのはナンセンスだと思っている人が多いです．人間の発言することって，だいたいは特定の相手がいて，ある状況に向けられています．それを無視して，言葉だけをとってきて現代と結びつけるというのは短絡的だ，っていうんですね．

森：たしかに，お釈迦様だってイエス様だって，21世紀の日本のことまで考えて

発言したわけじゃないでしょう．でも，過去の言葉は現代には何の意味もない，って言い切れるでしょうか．

風：私はそうは思いません．実際，ある言葉は後の時代に何らかの仕方で受けとられて，それなりの意味を持ちます．仏典や聖書を拠りどころにする人は，そこにひとつの真理があると信じているでしょう．ただ，とくに20世紀末くらいから，そういう風に価値を求める態度が急速に失われてきています．

高：チェコは，マルティン・ルターが出たドイツより先に宗教改革が起きたように，信仰心が篤い地域でした．でも，それが原因で対立がおきて，独立も奪われました．そのあと，絶対主義やナチズムや社会主義などが支配しました．そういう歴史もあって，宗教やイデオロギーはこりごりっていう人が多いです．私も無神論者です．

森：でも，人間って，まったく何も信じないでは生きられない，と思いますが．

高：私は，家族みたいな身近な人間関係に信頼を置きます．それから，理性的に考えて納得できることは信じます．

風：私たちが育った20世紀後半って，人工衛星が飛んだり，人間が月面に立ったりした，科学の時代でした．科学と宗教って対立的にとらえられますけど，でも，何らかの究極の真理に迫ろうっていう点では同じです．コメニウスと同時代のガリレオ・ガリレイとかヨハネス・ケプラーのような科学者は，自然の研究によって神の意図が理解できたら，宗教論争を終わらせられると思っていた，っていわれます．彼らの発見は，皮肉なことに宗教において言われてきた真理を否定することになったわけですけど，真理に迫りたいという願いは共通したんです．

森：それで思い出したことがあります．先日，日本の高度経済成長時代の子どもたちの学校生活の様子を映画監督の羽仁五郎さんが撮られたのを見たんですけど，子どもたちの瞳がとても魅力的だったんです．当時は子どもの数が増えているのに学校の設置が追いつかなくて，中学浪人もいました．でも，何か明るさがありました．自分の子ども時代を美化するようですけど，あの時代の子どもたちの瞳には何かへの憧れが読みとれるみたいに感じたんです．

高：そのプログラムは私も見ました．本当に瞳が美しかったんですが，それは監督の才能だけじゃない，と思いました．同時代のチェコスロヴァキアの映画も見たことがありますけど，似たようなことを感じました．今の時代のほうがカメラの性能なんか上のはずなのに，昔の子どもの瞳の方がキラキラしているんです．

風：キリスト教にしても近代科学にしても，世界はひとつの原理でとらえられるっていう信念に基づいています．社会主義も，その信念による壮大な実験だっ

たんですね．20世紀の末に「大きな物語」が終わったって言われますが，この時期にひとつの大きな区切りがあるといえるかもしれません．

　1960年代くらいまでは，テレビもまだ普及していませんでしたから，教師の話は重要な情報源でしたし，好き嫌いはあっても尊敬はすべき存在だと思われていました．教師は一種の真理の伝達者だったんですね．今は，教師自身も親も子どもも，そうは見ていないでしょう．それじゃあ子どもたちの眼差しも変わるんじゃないでしょうか．

森：なるほど．たしかに，冷戦が終結した20世紀末から，とにかく多様な価値観を認めることが大事だ，って言われるようになりましたね．金子みすゞの「みんなちがってみんないい」が再評価されたり，とか．

風：先日，山口県の長門市にある金子みすゞの記念館に行ったんですが，彼女の言葉は，あまりにも都合よく消費されている，と思いました．彼女は，「鈴と，小鳥と，それから私」と言ったあとに「みんなちがってみんないい」と言ってます．異なった生命の尊厳を詠っているわけであって，個人が好きなようにしていい，とは言ってないですよ（小嘆息）．

森：子どもに「もうちょっと頑張った方がいいんじゃない」って言うと，「「みんなちがってみんないい」ですよ」って返ってきますよね（苦笑）．金子みすゞは，自分の詩が子どもの勉強しないための言い訳に使われるなんて，思ってもいなかったでしょうね．

風：しかし，「とにかく多様性だ」っていう言葉が独り歩きしているので，子どもにそういう反応をされると，「親心でお節介を焼いている自分が間違ってるんじゃないか」って思って，迷う親や教師であふれてるんじゃないでしょうか．

高：でも，ここ数年，世界を見ると，わがままを通した方が勝ち，みたいなことが起こってます．「新しい冷戦」って言われてますけど，20世紀の冷戦は「自分が真理だ」って考える者同士の対立だったんでしょう．今の対立は正しさの尺度なんか抜きになっているようで，ちょっと心配になります．

風：今の世界を見れば，ただ単に「多様性を尊重すればいい」ってことじゃすまない，ってことは一目瞭然ですよね．この問題は，国際政治だけじゃなくて国内や地域や職場や学校や家庭にもあるんですね．

森：いろんな分野の秩序が見失われて混乱したっていうのは，コメニウスの時代もそうですよね．17世紀のヨーロッパって「危機の時代」なんだ，って世界史の教科書にも書いてありますね．

風：宗教，政治，経済，学問とあらゆる分野が混乱して，おまけに気候が寒冷化

したおかげで，農業も不作だったわけですからね．コメニウスは，そういう状況に対して，とくに教育をとおした秩序の再建を訴えたんです．

高：私は，チェコスロヴァキアの社会主義時代の最後の時期に育ちました．ひとつの考え方しか認めないという不寛容さは，耐えがたいものでした．「唯一の」とか「絶対の」とかいう真理があるっていう考え方には，どうしても抵抗があります．でも，お互いが気持ちよく生きられるためのルールは必要だと思います．それすらも疑ったり，ないがしろにしたりするのは，問題ではないでしょうか．

森：教育でも，「いろいろあっていいけど，これはおさえておこう」，「これはできた方があとで助かる」ってことはあるでしょう．そこまで疑ってしまうと，収拾がつかなくなりますよね．

風：コメニウスは熱烈なクリスチャンですから，明確な主張があります．そのうえで，さまざまな考え方をもった人々が共存できる道を考えて，常に「具体的にどうするか」にこだわりました．

　今，お話に出ているように，「何よりも多様性」っていう雰囲気が極限まで高まっているので，共通の基盤を探求しようっていうコメニウスの考え方自体を「ムリ」って決めつける人もいるでしょう．もちろん，時代も文化も違うので，言っていることに違和感があることも多々あります．そこを見て「今の時代とは関係ない」って切り捨てるのも，アリかもしれません．しかし，それを進めていけば，歴史を振り返る意味なんていえなくなっちゃうでしょう．

高：人間は歴史の中で生きているので，完全に客観的な見方ってできないでしょうけど，少し冷静な目でコメニウスについて考えられたら嬉しいです．

森：仏典や聖書はずーっと昔に書かれたものです．でも，仏教徒やクリスチャンは今でも拠りどころにしています．その人たちにとって，それらの言葉は生きているんですね．盲信はよくないですが，信じ得ること探求するのは立派なことだと思います．

風：過去から伝えられてきた言葉は，現在と過去の距離を踏まえて，現代の問題を考えようとする時に意味を持つんじゃないでしょうか．その点，コメニウスの言葉は私たちの現在を考えるための示唆に満ちている，って思うんです．

森：コメニウスは，日本では教育以外の分野でとりあげられることはほとんどないですが，現在に伝えられている作品のジャンルは，哲学，歴史，文学，言語，道徳，政治，宗教，科学にわたってますね．

高：チェコでは，民族の独立を訴えた愛国者として紹介されていますけど，詩も書いているし，歌も作っています．私は声楽をするので紹介していきたいです．

風：コメニウスの著作としては，『大教授学』が知られてます．英語，ドイツ語にも訳されて，日本語の丁寧な翻訳もあります．コメニウスは，主に当時の知識人の共通語だったラテン語で書きましたけど，ラテン語は今ではほとんど使われていません．そんなわけで，コメニウスが紹介される時，翻訳のある『大教授学』を引用すればいいという雰囲気があります．これがいろいろと誤解のもとになってます．

　コメニウスがいろんなジャンルの作品を書いた，ってことを言っていただきましたけど，とくに『人間に関わる事柄の改善についての総合的熟議』っていう大著を無視するわけにはいきません．

森：ヨーロッパ中の学者，政治家，宗教者を招いて，当時の社会が抱えていた問題を克服するために会議を開こう，っていう筋書きになっているんですね．この「熟議」ってどういう意味ですか．

風：原語では「コンスルタチオ」ですが，異なる意見の人々が合意に向けて友好的に話し合う，といった意味です．この熟議は実際に行われたわけじゃないんで，いわば妄想なんですが，そのなかに「もしこうできたら」っていう提案が書かれているわけです．コメニウスは，人間が学ぶべき普遍的な知の体系を構想して，パンソフィアと名付けました．日本語では「汎知学」って訳されます．提案は，熟議の方法から，学問，教育，言語，政治，宗教の改革にまで及びます．第4部は『パンパイデイア』っていいますが，教育についての考察が集約されています．

高：その日本語訳が出始めたんですね．

風：ありがたいことです．コメニウスの構想を日本語で読めるようになったんですから．今回は，とくに教育にしぼってお話しできればと思います．

森：じゃあ，この企画は「オンライン教育熟議」ってことにしましょう．

高：賛成です！

風：では，私から，教育が，いつ，どこで，誰が，何を，どうやって，何をめざして行われるべきかといったテーマについて，コメニウスがどう考えていたのか整理してお送りしますので，それをもとに話し合うということでどうでしょう．

森：言いにくいんですが，できるだけわかりやすくお願いできますか……．

風：その点は，お話をいただいてからずっと考えていました．研究者が，今まで言われてきたことを「本当にそういえるのか」って疑うのは大事です．でも，いろんな解釈が出ても，それらのすり合わせや総合が行われないので，専門家ですら「結局何？」って聞かれても，答えられなくなっています．医学なんかだと人命に関わるから，現在の到達点が何かってことが常に確認されてシェアされます．

人文科学や社会科学には，そこまでの切迫性がないからでしょうか，いろいろ言ったあげく，問題を複雑化したままでいる面があります．

　コメニウス自身，当時の学術界の混乱した議論を整理しようと頑張ったわけですから，その人間をあつかうのに，煙に巻くような話じゃいけないですよね．ただ，コメニウスの時代は宗教対立も厳しくて，突っこまれないように書きますから，いきおい複雑になっているところもあります．そこは「超訳」にならない程度に短縮や補足をしましょう．それから，翻訳って訳者によって言葉の選び方が違いますが，そこも混乱するといけないので統一します．

　あと，訳語のなかには，日本人にピンとこないものもあるんで，ちょっと変えます．たとえば，フィデスという言葉は，英語のfaithの語源ですが，ふつう「信仰」と訳されます．コメニウスは敬虔なクリスチャンですから，それで問題ありません．でも，特定の信仰に熱心な日本人はそう多くないんで，そのことでコメニウスのことを縁遠く思われてしまうんでは残念です．そこで，「信念」という言葉をあてます．コメニウスにとって信仰は生き方の筋でしたから．

高：いろいろご配慮ありがとうございます．

森：言い出しっぺとしては，ご紹介いただいた翻訳を読み始めてますが，言っていることが矛盾しているように思うところが，ところどころあります．

風：コメニウスは，亡命の人生を送ることになって，同じように亡命した人々を支えなければなりませんでした．ですから，単純に自分の主張を書くということではすまなかったんです．ヨーロッパの王国や都市が彼に助言を求めるようになりますが，そうした要求に応える必要もありました．でも，『総合的熟議』みたいに晩年に書かれた作品には，彼自身の主張が比較的自由に書かれています．そこはそのつど整理してみていきましょう．

高：コメニウスの書いた小説の『地上の迷宮と心の楽園』って，天職を求めて旅に出た若者が，妙な案内人に翻弄されるっていう話ですが，そういうことにはならないでしょうね（微笑）．

風：はい，安心安全な旅になるように，ガイド役として鋭意努力致します．でも，安全すぎる旅って逆につまらないでしょう．適度なブレーンストーミングはあってもよいのでは（笑）．

森：じゃあ，来週のこの時間からスタートですね．楽しみにしています．

コメニウスってこんな人

氏名

ヨハネス・アモス・コメニウス（ラテン語表記）
母国のチェコ語表記では，ヤン・アーモス・コメンスキー（チェコ人にはコメンスキーと言うと喜ばれる）

生没年月日

1592年3月28日　この日はチェコ共和国の「教師の日」
1670年11月15日　享年78歳

出生地

現在のチェコ共和国ズリーン州（生誕地については3つの説がある）

埋葬地

現在のオランダの首都アムステルダムで死去．墓碑はアムステルダムから東南東へ約20キロのナールデンにある

学歴

1608～1611年
現チェコ共和国，プシェロフのギムナジウム（ラテン語学校）で修学
1611～1613年
現ドイツのヘルボルンとハイデルベルクで高等教育を受ける

教職歴

1614～1617年
出身校のプシェロフのギムナジウム教師
1628～1641年
現ポーランド，レシュノのギムナジウムの教師・副校長・校長
1644～1648年
現ポーランド，エルブロンクのギムナジウム教師
1651～1654年
現ハンガリー，シャロシュ・パタクで学校運営を助言

聖職歴

1617年
チェコの宗教改革者ヤン・フスの系譜に連なるチェコ兄弟教団の牧師となる
1632年
兄弟教団の4人の監督うちの1人に
1648年
兄弟教団の最後の総監督に

主な支援者

カレル・ゼ・ジェロチーナ（チェコのプロテスタント貴族）
ラファエル・レシュチンスキ（ポーランドの地方領主）
ルイ・ド・イェール（スウェーデンの爵位を得たオランダの大商人，息子もコメニウスを支援）
ラーコーツィ・ジクモント（現在のルーマニアからハンガリーにかけて領地を有したトランシルヴァニアの君主の弟）

生活

亡命の人生だったがパトロンの支援もあった
ポーランドのレシュノでは家を購入（戦火で焼失）
トランシルヴァニアではブドウ畑も提供された
オランダのアムステルダムでは中心部の運河沿いで暮らした（アンネ・フランクの家から遠くない）

滞在・訪問した国（現在の国名）

チェコ（31年半），ポーランド（22年半），オランダ（約15年），ハンガリー（4年），ドイツ（3年半），イギリス（9ヵ月），スウェーデンとスロヴァキアに数か月
＊チェコ共和国の首都プラハ，同オロモウツ州プシェロフ，同ズリーン州ウヘルスキー・ブロト，オランダのナールデンにコメニウスの名を冠した博物館がある

ヴァーツラフ・ホラー
による版画

主要著作

『地上の迷宮と心の楽園』（1623年草稿執筆，1631年刊，チェコ語文学の古典）

『開かれた言語の扉』（1631年刊，すぐれた教科書として続々と各国語で翻訳・出版）

『母親学校の指針』（1633年刊，最初期の幼児教育論）

『自然学綱要』（1633年刊，自然を宗教的に考察）

『光の道』（1641年草稿執筆，1668年刊，総体的な社会改革論，ロンドン王立協会に献呈）

『言語の最新の方法』（1644年刊，言語教育方法論）

『死に逝く母なる兄弟教団の遺言』（1650年刊，後世のチェコ民族運動に影響を与えた）

『遊戯学校』（1654年執筆，1656年刊，学校劇の書）

『教授学著作全集』4巻（1657〜1658年，巻頭に収められたのが『大教授学』）

『世界図絵』（1658年，最初の絵入り教科書，各国語に翻訳，翻案されて長く普及，文豪ゲーテも幼少期に使用）

『平和の天使』（1667年刊，英蘭戦争への平和提言）

『必須の一事』（1668年，宗教論）

『人間に関わる事柄の改善についての総合的熟議』7巻（20世紀になって草稿が発見され，1966年刊，独自の哲学体系パンソフィアに基づく社会改革論）

＊作品のジャンルは文学・宗教・哲学・歴史・教育・言語・道徳・政治・自然にわたり，子守歌や聖歌も作詞作曲した

家族

父は製粉業を営む

父母と姉は幼少期に死去

生涯に3度結婚

最初の妻マグダレナと2人の子は三十年戦争にともなう伝染病で死去

2人目の妻ドロタとの間には1男3女が生まれた．三十年戦争が終結した年に死去

その後，3人目の妻ヤナと再婚

2番目の妻との間の長男ダニエルの教育で苦労

次女アルジェビェタの息子ダニエル・アルノシュト・ヤブロンスキーはベルリン科学アカデミーの総裁となり，この家系が現在まで継続

評価

ヨーロッパでは「諸国民の教師」と呼ばれている．

チェコでは200コルナ札の肖像に現われ，通りや広場や学校の名称に用いられている．

コメニウスの肖像
レンブラント派の画家ユルゲン・オヴェンス作
アムステルダム国立美術館

性格

すぐれた知性（デカルト等の知識人と対等に交流）

正義感（権力者にも歯に衣着せぬ直言）

信念（篤い信仰心で亡命の人生を選択）

情愛深い（家族や友人への思いやり）

ユーモア（言葉遊びが巧み）

空想的（「思慮深さ」の大切さを訴えたが，予言に傾倒したことで，18世紀には啓蒙主義者から批判された）

目　　次

束の間の幸福を享受した青年時代のコメニウス
こののち勃発した三十年戦争の渦中，伝染病により妻子を失った．
コメニウスの墓所を取り囲むモニュメントのひとつ（オランダ，ナールデン）

『世界図絵』より「入門」

ラテン語	英語
Magister. Veni, Puer! disce Sapere. Puer. Quid hoc est, Sapere? Magister. Omnia, quae necessaria, recte intelligere, recte agere, recte eloqui.	Master. Come, Boy! Learn to be wise. Boy. What does this mean, to be wise? Master. To understand rightly, to do rightly, and to speak out rightly, all that are necessary.
ドイツ語	日本語
Lehrer. Komm her Knab! Lerne klug sein. Student. Was ist das? Klug sein. Lehrer. Alles, was nötig ist, recht verstehen, recht thun, recht ausreden.	教師. こっちへおいで！　坊や. 賢くなるために学ぼう. 子ども. 賢くなるってどういうこと？ 教師. 必要なあらゆることを，正しく理解し，正しく行い，正しく語ることさ.

＊各国語の表記は17世紀当時の版をもとにしている.

I 人間の可能性
――私たちの精神は無限であり際限がない

風：まず，コメニウスがどのように人間をとらえたか，から始めましょうか．

　教育は，子どもが少しでも善くなって欲しいという思いから始まりますが，思いだけで教育するのは危険です．たしかな技術が必要ですが，もっと根本的な問題があります．人間とはそもそもどういう存在で何を期待できるのかという「人間観」です．人間の可能性に楽観的ならどんどん教育をしようということになるし，悲観的なら，人間にはあまり期待はできないということになるわけです．

　コメニウスは人間の可能性を深く信じていました（『大教授学』5章4節）．古代ギリシアの大哲学者アリストテレス以来，人間の精神を「何も書き込まれていない板」にたとえる比喩がありました．ラテン語では，タブラ・ラサっていいますね．でも，コメニウスは，その比喩は不十分だって言います．というのは，物体としての板には書き込まれる限界があるが，人間の精神は無限だからだ，というんです（『パンパイデイア』3章38節）．

森：スポーツ指導者なんかが，よく若者たちに「君たちには無限の可能性があるんだ」と言っていますね．何も特別なことではないように思えますが……．

風：コメニウスは，宗教改革者のルターよりも早く教会の改革を訴えた，チェコ人の神学者ヤン・フスの流れをくみます．ですから，キリスト教の基本的な見方として，人間は誤り多き存在だという考えでした．しかし，聖書には，人間は「神の似姿」として創造され，大地と動物の管理をゆだねられたと書かれています．ここから，人間には大きな使命を果たす能力や資質が備わっているはずだ，と考えたんですね．コメニウスの時代にはかなり大胆な発言だったと思います．

高：『大教授学』には，教育の課題は学識・徳性・敬虔だ，とありますね．簡単に言えば，勉強ができて，正しく行動できて，信仰心が篤いってことでしょうが，子どもの頃は，なにかハードルが高いように感じていました．

森：今の子どもたちは，「頑張ればできるようになる」って言われること自体がストレスみたいです．私も，つい，孫にかける言葉を選んじゃいます．

風：私は，教師をめざす学生に教えているんですが，学生たちは自分が教師になったら評価する側になる，っていうことがイメージしづらいみたいなんです．

それでテストを互いに採点しあって，コメントを書いてあげるように提案したんです．

　すると，ある学生が，あまりできなかったクラスメートに「次は60点めざそう」って書いたんです．「これは面白いな」って思って，フィードバックしてみました．

高：どんな反応でしたか？

風：「別にいいと思う」っていう意見が，意外に多かったんです．その試験は，小学校教師が最低限は身につけてほしい知識を問うもので，範囲も指定していました．

森：学生たちに，「これぐらいできれば」っていう思いがあったわけですね．

風：もっと問題なのは，評価者としてかけるべき言葉を想像できていなかったということです．その学生は，裏を返せば「君は次に60点とれれば上出来なレベルだ」って言ったことになりますよね．

高：なるほど．気を遣って書いたつもりなんでしょうけど，クラスメートの可能性に枠をかけてしまった，ってことですね．

森：子どもの時，いつも満点だった，なんていう親や教師はそういないでしょう．でも，じゃあ「できなくたっていい」っていうわけにはいかないですよね．それじゃあ可能性を否定していることになりますものね．

高：「可能性は無限だ」って言われるのが嫌だとしても，逆に「お前なんか大したことない」って決めつけられたら，そっちの方が悔しいですよね．

風：法律に，守らなければならないっていう義務規定と，守るように努力すべきだという努力義務規定がありますけど，親や教師の期待って，それよりもずーっと緩いものですよ．できた方がいいに決まってますが，たとえできなくたって逮捕されるわけじゃありません（皮肉笑）．

森：皆に，ボルト選手みたいに速く走れ，って求められたら絶望的ですが，「これは身につけておいた方が」っていうことはありますよね．それにとりくめば，自分の強みや弱みも知っていけますよ．

高：親が子どもにサッカーができるって可能性を信じなかったら，サッカーはさせないだろうから，その可能性は開けなくなるってことになりますね．

風：もちろん，可能性を信じても，常にお互いが納得のいく結果が出るとは限りません．だからといって，何もしないってわけにはいかなでしょう．可能性において人間を見る，っていうのは美しいことだし，避けられないことじゃないでしょうか．

あらゆる人に感覚・理性・信念が備わっている

風：コメニウスは，人間には「感覚・理性・信念」という３つの目が備わっていると，いろんなところで強調しています（『パンパイデイア』２章18節他）.

森：『大教授学』の翻訳を読んだんですが，そこには学識・道徳性・敬虔が備わっていると書かれていましたが，それとは違うんですか.

風：『大教授学』には，コメニウスが40歳くらいまでに考えたことをもとに書かれていますが，その20年以上あとに教授学の全集が出た時，その最初に置かれました.　この全集はすごく長いんですが，最後の方に「ここまで読んでくれないと自分の意図はわからない」って書いてあります.　でも，最初だけ読んで済ませた人が大半だったんですね（苦笑）.

高：コメニウスのなかでは，どんな変化があったんでしょう？

風：最初，コメニウスは，人間は何を身につけるべきかという面から教育を考えました.　たとえば，「学識」は知識や教養が身についた状態です.　だから，人間に備わっているのは学識などの「種子」だって言っています（『大教授学』５章）.　それから，人間の生まれながらの可能性に注目するようになっていったんですね.

森：教職課程で，生まれた時の精神は何も書き込まれていないっていう，精神白紙説について習った記憶がありますけど，コメニウスが，人間には生得的な性質が備わっているというのは，それとは対立しますね.

風：そうです.　心理学では精神白紙説の方が有力です.　でも，心理学者のジャン・ピアジェのように，人間には物事を認識する基本的な枠組みとしてのシェマが備わっているという意見もあるし，言語学者のノーム・チョムスキーのように，人間には言語を話せる能力が備わっている，っていう主張もあります.

　精神白紙説は，何を書き込まれるか次第で人間はどうにでもなるという意味で，教育に無限の可能性を認めていると言えます.　でも，人間は外からどうにでも操作されるというんでは，個々の人間にオンリーワンな価値が認められていないようにも思えますね.

森：精神白紙説と生得説とでは，人間の可能性っていっても，見方が違ってくるんじゃないでしょうか.

風：するどいです.　どんな影響を受けたら人間の可能性は開化するかかって，簡単にはいえません.　でも，精神白紙説に立つと，人間の可能性は外からの刺激次第ってことになりますから，人間の可能性って，どうしても刺激を与えた側の期

待する範囲で見られちゃいがちになる，って思いませんか．

高：先生がしっかり教えた結果，子どもがいい点数がとれた，みたいな感じですね．でも，人間の可能性って，そんなお約束の範囲のものでしょうか．

森：私も，そこに引っかかります．同じ情報を受けとっても，反応は千差万別です．人間の可能性って，予測できないから素晴らしいんじゃないでしょうか．

風：最初から素晴らしいやり取りです（微笑）．もちろん，周囲の期待を超える場合もあるけど，「そうなっては欲しくなかった」っていう場合もあります．そういう不可思議さこそが人間の可能性だ，って私は思いますよ．

森：すると，生得説の方がそういう人間の不可思議さを言い当てている，ってことになりますか？

風：「予測を超える」素晴らしいレスポンスです（絶賛）．「人間の中にはこれがある」って証拠を出せないのは，生得説の大きな弱点です．でも，人間の不可思議さや尊厳を見る考え方だ，っていうことはいえます．

高：人間は生まれながらに観念や知識を持っている，という考えはプラトンにもデカルトにもあったと習ったのを，今，だんだんと想起してるところです（微笑）．コメニウスには，どういう特徴がありますか？

風：大哲学者のルネ・デカルトは，コメニウスより4歳若くて，2人は実際にオランダで会っています．デカルトは，「われ思う，ゆえにわれあり」という言葉で有名ですが，人間を理性的な存在だと考えました．しかし，コメニウスは理性の大切さも認めたんですが，それだけじゃ不十分だと主張したんですね．

高：コメニウスは，いろんな言葉で自分の意見を表現していますね．

生得的性質	知る（観念）	欲する（衝動）	できる（能力）
能　力	知　性	意　志	行動力
3つの目	理　性	信　念	感　覚
身体との関係	頭	舌	手
知恵の塩	理解する	話　す	行　う
天賦の才	理　性	言語力	行動力
修得課題	学　識	敬　虔	道徳性
社会的分野	学　問	宗　教	政　治

風：何でも3つに分けて，レベルの違う問題をこじつけたようにも見えるんですがね（悩）．

森：でも，まとめてくださった表を見ると，何かイメージがわいてきます．
　コメニウスは，理性だけが人間の生得的性質ではなく，何かをしたいと望み，

それを実現しようとする資質も備わっている，って考えたんですね．仏教に人間の業（カルマ）を身・口・意に分ける考え方がありますが，共通性を感じます．

風：そういう風に関連づけるのは，けっこうコメニウス的ですね（微笑）．

こんな例はどうでしょう．上司が仕事ぶりのよくない部下のことを「困ったもんだ」と思うのは，思考のレベルです．「やめとこうかどうしようか」と迷ったあげく，注意しようと決断するのは，意志のレベルです．それは言語で表現されます．ところが，部下は相変わらず間違いだらけの書類を遅れて出してきた．カッとして，つい手が出てしまった．これは良くないですが，行動のレベルです．

森：いやですけど，ありそうな話ですよね．

高：人間に頭と舌と手があって，それで何かができる，ってことは素朴に納得できますね．でも，善く使えなければ困ります．ツイッターに誹謗中傷を書きこんで平気でいたりするのは，明らかに理性が働いていません．逆に，いくら理性的でも，周りばかり気にして発言や行動に移せない人もいます．

風：そこで，コメニウスは，感覚・理性・信念の３つが結びついて拡大することが大事だ，と考えました．キリスト教に限らず，肉体は欲望に弱いということで，感覚を低く見る考え方が西洋にも東洋にもありますが，コメニウスは感覚の役割を積極的に評価しています．そして，とくに重視したのは自由を求める意志でした．ただ，理性が欠けた意志では独善になってしまいます．逆に，理性を磨いて計算高くなるのはいいとしても，臆病や冷酷になってもよくありません．そこで，意志を確固とした信念にまで高めないといけない，と考えたんですね．

森：コメニウスが，どうやって感覚・理性・信念の３つをバランスよく高めることができるって考えたかは，これからのお話ですね．

風：はい．ここでは，コメニウスの基本的な考えだけおさえておきましょう．何が善い方向かっていうのは難しいですが，教育って，人間を善いと思われる方向に変えようとする働きかけです．人間の可能性が，どんな影響を与えられるかによってかなり左右されることは，否定できないでしょう．彼は，感覚が触れる「世界」と，理性が触れる「精神」と，彼が信念の基準となると考えた「聖書」を「神の三書」と呼んで，それらを学ぶための内容と方法を考えたんです．

３つの目	感　覚	理　性	信　念
神の三書	世　界 （物質的）	精　神 （知　的）	聖　書 （超越的）

あらゆる悪の根源は，自分が自分だけのものでありたいと 思うときに生じる自己中心性である

高：人間に大きな可能性があるっていうのは，私は賛成です．可能性がないというのでは，生まれてきた甲斐がありません．でも，皆がその可能性を発揮して幸せになっているとはいえないですよね．

風：教育関係の作品だけを読んでいては見えてこないですが，若い頃のコメニウスは「人間には可能性があるはずなのに，人間は何でこんなに不幸なんだ」って，相当に考えています．

高：コメニウスは，結婚して子どももできた頃，祖国のチェコから三十年戦争が始まって，伝染病で妻と子どもを失ってしまいます．そして，人間の孤独について深く考えたんです．この時期の作品は，〈慰めの書〉って呼ばれています．

風：さすがです．いくつか重要な作品がありますが，『孤独について』では，人間は友との関係なしには生きられない，と書いています．ここで言われている「友」には，親子や夫婦や親戚はもちろん，血縁がなくても気持ちを共有できる人々までが含まれています．しかし，大地の上で永遠に続くものは何ひとつなく，人間は死から逃れられない孤独な存在であるといいます（1章）．コメニウスは，教育方法の改革者として知られていて，人間の可能性に限りなく楽観的なように思われていますが，その出発点には，深い絶望と思索があったんです．

森：チェコ語文学の古典といわれる『地上の迷宮と心の楽園』が書かれたのも，同じ時期ですね．

高：その小説はチェコ人なら誰でも知っています．絶望的な状態で書かれたはずなのに，ユーモアがあります．ただ，昔のチェコ語なのでそのままでは子どもには難しいんですが……．

風：学者・政治家・宗教家の言ってることが，いかに信用できないかが徹底的に分析されていますね．ここに引用したのは，やはり同じ時期に書かれた『平安の中心』の一節です（5章）．人間が死から逃れられないにしても，生きている限りは友のような関係が必要です．しかし，そうした関係を作れず，さらにはみずから壊してしまうような愚かさに支配される，っていうことを問題にしています．

高：その答えが「自己中心性」だったということですね．

風：コメニウスは，チェコ語で「サモスヴォイノスト」という言葉をわざわざ考え出してます．身の回りのものを自分に向けて存在させようという傾向性です．

森：孫が友だちとネットでトラブルがあって，「あの子は自己チューだからいや

だって」言ってましたけど，今の子どもたちにとっても自己中心性は問題なんだと知って，ちょっと安心しました．

風：でも，他人の自己チューは許せなくても，自分の自己チューには気づかないってことが多いんじゃないでしょうか．いや，お孫さんのことを言っているわけじゃありません（汗）．

児童中心主義

　ピアジェは，自分の視点からしか世界をとらえられない幼児の状態を説明するために，自己中心性という言葉を使ったんですけど，自己チューは生涯を通じた問題ですよね．

森：今のお話で，児童中心主義っていう言葉を連想してしまいましたが，ちょっとズレてますか？

風：いえ．すごくいいパスです（微笑）．19世紀後半になると，それまでの教育に対して，教師や教科書中心で，子どもは有無を言わさず従属させられてきたんじゃないか，という批判が強まったんですね．アメリカの哲学者のジョン・デューイをはじめ，多くの人々が子どもを教育の中心におくべきだ，と考えたんですね．新教育って呼ばれてます．

　　📖ジョン・デューイ『学校と社会』宮原誠一訳（岩波書店〔岩波文庫〕，1957）

　もちろん，コメニウスも，子どもを愛情深く養育するべきだ，と考えています．でも，それは，子どもがまだ自分で自分のことをできないからです．「尊重，尊重」って甘やかせば，いつまでも自己チューのままです．

　コメニウスは，幼いうちに父母も姉も失った，孤児としての経験があります．普通，そういう経験があれば，愛情に飢えそうなものでしょう．でも，孤児の方が親から甘やかされて堕落する恐れが少ない，って書いているんです（『孤独について』10章）．自己チューは人間の性ですが，それは早く克服されるべき状態である，と見ていたんですね．

森：最初は児童中心でもいいけど，ずーっとじゃいけない，ってことですね．

風：そうです．それに関しては，ずーっと気になっていることがあります．

高：どんなことでしょう？

風：ヒット曲の歌詞などを見ていくと，1980年代の終わり頃から，自分らしく，自分なりに，本当の自分，マイペースとかいったフレーズが頻繁に登場するようになります．これは若者文化だけの話じゃありません．中央教育審議会って，文部科学大臣の諮問機関ですけど，1996年の答申には，「教育は，子どもたちの

［自分さがしの旅］を扶ける営み」だって書かれました.

   ☜「21世紀を展望した我が国の教育の在り方について（第1次答申）」1996年

森：それがなぜ気になるんですか. 個性的なのはよいことじゃないでしょうか. それまでの教育が画一的だった, っていう反省から出てきた考えなんですよね.

風：もちろん, 個性は重要でしょう. でも, 自分じゃない人って誰もいません. 誰か別人になれるって人も誰もいません. ですから, 別に間違ってませんが, 「自分らしく」って目標に掲げることでしょうか.

高：たしかに, 自分っていっても, 10年前と今とでは違うし, 10年後と今も違うでしょうから, 自分らしくって曖昧ですよね.

風：サッカーをやっている子が, 「久保選手みたいになりたい」って目標にするのは明確ですよね. 何が足りないかが見えますから. でも, 努力してもしなくても, 皆, 自分はすでに自分なわけだから, それが目標になっちゃったら, 変われる可能性を自分で狭めてしまうことになりませんか？

森：なるほど. たしかに, 自分らしさにこだわりが強い人って, アドバイスとか嫌がって, それで損しているな, ってことがけっこうありますね.

風：ある年, 勉強をさぼって卒業できなかった学生がいたんですが, 「マイペースでいくだろうけど, よろしくお願いします」って言ってきて, 私は呆れてしまいました. 彼が卒業できなかったのはマイペースのせいですよ. それを改めるって言ってくれないと, よろしくも何もないわけですよ（中嘆息）.

高：わかりました. 自分へのこだわりを助長するような風潮が, 若者の可能性を狭めているんじゃないか, ってことですね.

風：ありがとうございます. 「自分にこだわってください」というのを, 「なぜだ」という人はいないでしょう. 心地よいメッセージです. でも, 要注意です.

森：コメニウスが, 人間の不幸の原因を自己中心性に見た, っていうのは, 現在の普通の日本人からすると, 遠い感じがするでしょうね.

風：自己チューがよくないってことには, ほとんどの人が賛成するでしょう. そして, 自分へのこだわりを捨てろというのには危険な面もあります. 戦争までの日本は, 「お国のために」って教えていたわけですから.

森：犠牲が強制されるってことがあってはいけない, と思います. 今だって, 社員を過労死させて平気な会社があります.

高：でも, 「迷惑さえかけなければ, それぞれ自分が興味のあることをやっていればいい」っていうのも違いますよね. 皆が「自分らしく」でいったら, 結局は自己チューと変わらなくなっちゃいますね.

風：それじゃあ世の中バラバラになっちゃいますよね．バラバラじゃ混乱するし，無駄も多いですよ．でも，滅私奉公を強制されると，世の中はまとまるように思われるかもしれませんが，すぐに活力がなくなって偽善がはびこります．「みんなちがってみんないい」の逆説です．コメニウスは，家族とか特定の組織とか国とかという個別性を超えて，普遍性に向かって心を開くことが必要だ，って考えたんです．この点は，またお話に出るでしょう．

 ## 子どもはその自然の衝動からして金や宝石にも優るのであり，私たちは子どものなかで死後も生き続けることができる

高：コメニウスが人間に大きな可能性を認めたのはわかりましたけど，とくに教育について考える場合，子どもをどう見ていたのかが気になります．

風：コメニウスは，子どもの可能性をいろいろなところで書いていますが，『パンパイデイア』の一節をまとめておきました（9章9節）．

森：万葉歌人の山上憶良の「銀も金も玉も何せむに優れる宝　子にしかめやも」っていう歌を連想しちゃいますね．

風：キリスト教では，人間は生まれながらに罪を負っているわけで，子どもも例外ではありません．それで，小さい時から厳しくしつけるべきだ，という考えがあります．

　その点，コメニウスはずいぶん違います．幼児はたしかに未開の状態にはあるけれども，大人ほどは俗世間の垢で汚れてはいないので，神様の治療が効果をあげやすく，神の王国を相続するのにふさわしい，と書いています（『大教授学』序）．

高：幼児教育というと，ドイツのフリードリヒ・フレーベルが有名ですけど，コメニウスはそれよりずっと以前に幼児教育について書いているんですよね．

風：1633年に書かれた『母親学校の指針』は，最も早くに現われた幼児教育論のひとつですね．この本を書いた時，コメニウスは実際に子育てをしていました．この言葉は，生きた子どもと関わってこそ出てきたものでしょう．

森：「自然の衝動からして」っていう表現が目を引きますね．

風：コメニウスは，人間が生得的に備えているはずの衝動が子どもにこそ豊かに見られる，ってことに感動したんでしょう．「幼児の可能性と適合性は何に対しても限界がない」（『パンパイデイア』9章15節）

子は宝！

とも言っています．意志や信念につながる衝動が豊かだからこそ，子どもは宝だ，というのです．

高：ちょっと駄々をこねられたくらいでキレるような親じゃいけないですね．

風：まったくです．駄々をこねるっていうのは，生命力があふれている証拠ですからね．そして，子どもという存在によって，大人たちも大人たちが築く文化もアップデートされながら生き続けていくことができる．そのことからしても，子どもは，文字通り人間の未来を担う宝なんだ，と考えたんですね．

人間が人間になるべきなら人間として形成されなければならず，教育なくして人間は人間になることができない

森：コメニウスは，教育こそが人間の可能性を開化させる，って言ったんですね．

風：『大教授学』第6章の冒頭を一文にまとめましたが，コメニウスは人間を「教育される動物」と定義してもよいと書いています．18世紀ドイツの大哲学者イマニュエル・カントも，教育学講義の最初でほとんど同じことを言っています．その後，人間についての科学的研究が進みました．遺伝子の研究も進んで，2003年には人間の遺伝子の解読が終わっています．他の哺乳類と比べても，人間が長期にわたる多様な教育が必要な存在である，ってことは動かないですね．

高：でも，人間は教育可能だから教育すればするほどいいんだ，ってことになると，何か外から手を突っ込まれるようで，どうも窮屈に感じてしまいます．

風：先ほども話に出ましたが，精神白紙説をとると，人間は教育次第ということになります．20世紀の行動心理学者のジョン・ワトソンなんか，自分に健康な子どもを預けてくれれば，どんな人間にでもしてみせる，って豪語しています．

森：コメニウスは生得観念を認めているので，そういう意見ではないですよね．

風：はい．コメニウスは，教育の可能性を認めていますが，際限なく教育できるとは考えていません．その歯止めになっているのが，「自然」への注目です．

森：この自然って，緑や水じゃなくて，「本性」という意味ですよね．

風：ありがとうございます．コメニウスの次の世紀に現われたフランスのジャン・ジャック・ルソーとスイスのヨハン・ハインリヒ・ペスタロッチも，教育は子どもの「自然」に対応して行わなければうまくいかない，と言っています．この自然は，東洋でいう「天性」に近いですかね．

高：自然に合わせて教育すれば，押しつけっぽくはならないでしょう．でも，子どもの自然って，「これです」って出せないですよね．

風：はい．医学や心理学の研究が進んで，「自然」って一種のフィクションじゃ

ないか，と考えられるようになりました．現在では，哲学の分野でも，自然科学の方法で精神現象も説明しようという「自然主義」という立場が有力になっています．チャールズ・ダーウィンによる進化論の提唱が大きな転換点です．

森：言葉が似ていて混乱しますね．コメニウスも現在の科学や哲学も「自然」という言葉を使っていても，その意味するところは違うんですね．

風：現在の自然主義者のなかには，理性とか意志とかいうのも，科学が未発達な時代に心を説明するために考え出された言葉に過ぎないんで，そういう言葉で説明すること自体がナンセンスだという人もいます．そういう人たちからすれば，コメニウスやルソーやペスタロッチの考えは過去のもの，ということになります．でも，科学の研究成果をなんでも適用すればいい，って言い切れるでしょうか．

　医学の研究では，意欲や学習なんかにはドーパミンという物質が介在していることがわかってます．見かけ上やる気にさせたければ，体内のドーパミンが増えるような治療をすればいい，ってことになります．

高：難しい問題です．親からもらった身体に勝手に手を加えちゃいけない，っていう意見もありますけど，お化粧は皆するし，プチ整形も流行ってます．でも，薬で元気にされた元気は本当の元気なのかとか，元気ならとりあえずいいじゃないかとか，考え出すと寝られなくなっちゃいそうですね．

森：人間は知性的で道徳的に振る舞える可能性があるといわれ，その実現に関わるのが教育だ，って言われます．教育基本法には，教育の目的は「人格の完成」だって書いてあります．でも，そんな人格的な人ってどのくらいいるのかって思うこともあります．新型コロナウィルスが広がって，行動を自粛しなさいっていうのに，動き回って感染を広げる人がいれば，マスクをしてない人を写メして，警察官みたいにとがめる人もいます．

風：今年受けもったゼミ生たちがとても熱心で，オンラインなのが悔しいくらいなんですが，とても冷静に見ています．でも，一人の学生が，「まあ，人間っていってもサルなんで」って言ったのには，ちょっと考えさせられました．

　サルには悪いですが，人間はサルだっていうことなら，賞罰で従わせればいい，ってことになりかねません．AIをフル活用すれば，情報をかなりコントロールできるでしょうし，行動の把握だって可能でしょう．

高：それはとても耐えられません．でも，人間にはどんな可能性があって，どこまで働きかけていいのか，ってことはしっかり考えるべき時に来ていますね．

風：おっしゃるとおりです．哲学や倫理学は有効な議論を示せていません．コメニウスは，教育の可能性を認めた一方で，教育によって人間をどうにでもできる

とまでは考えていなかったんですが，その先は私たちが引き受けるべき問題です．

 どんな子を得るかは望みようがないが，
正しき教育によって善くなるかは私たち次第だ

森：最近は本ばかり読んでいますけど，一方には「こうすればうまくいく」っていうマニュアル本，一方には教育の難しさを「これでもかっ！」て書いている本があって困っちゃいます．

風：子どもの向き不向きを考えるのも親の介入だ，っていう主張もあります．人間は皆オンリーワンで，方向づけなんかされないっていうんですね．

高：理屈ですね．実際的でないです．赤ちゃんをほっておくわけにはいかないでしょう（断言）．

風：一刀両断にありがとうございます（拍手）．私も同意見です．一人ひとりにフィットしたオンデマンドな社会を用意できるわけでもないでしょう．明らかにミスリードだと思います．まあ，リードしようっていう気もないんでしょうが……．

森：コメニウスが人間の可能性を評価していた，ってことはわかりましたが，個性についてはどう見ていたんでしょう？

風：まだ，心理学も発達していない時代ですが，コメニウスなりに考えています．『大教授学』の第12章には，人間の知能は，鋭いか鈍いか，柔らかいか硬いか，知的か活動的かという３つの視点から区別できると書いていています．ここに引いたのは，古代ローマのプルタルコスの言葉ですが，コメニウスは，子どもの個性を見据えて，それぞれに応じた働きかけをしていくのが大人の責任だと言っています（第25節）．

森：コメニウスも，「ただ自然を尊重しよう」じゃなくて，いろいろ考えていたんですね．私は儒教の古典の『中庸』が好きなんですが，同じ課題があっても，やすやすとできる者，学んでできる者，相当努力してやっとできる者がいる，しかし，結果としてできるようになれば皆同じだ，とありますね．

高：でも，「苦手なことはしなくていい」っていう子どもがいますし，「苦手そうならさせなくていい」って思う親もいますよね．

風：人間には無限の可能性があるとしても，「何でできないんだ」って言われると困りますよね．足が短けりゃ速く走るのは難しいし，指が長い方がピアノを弾くには有利でしょう．でも，「できなくていいんだ」っていうのはないですよね．

森：結果的にできないってことはあると思いますが，親や教師が最初から否定す

るのはダメですよね.

　江戸時代の儒学者の広瀬淡窓が「鋭きも鈍きも共に捨てがたし　錐と槌とに使ひ分けなば」って詠んでますね. 基本的には, 皆が努力して同じようにできるのをめざすけど, そのなかで話し合ったり振り返ったりしながら, それぞれの適性を見据えていくってことじゃないでしょうか. 錐じゃ釘は打てませんからね.

ことごとくよろし

高：コメニウスも, あらゆる人が何でもできなきゃいけない, って求めていたんじゃないんですよね.

風：人間の将来はわかりません. だから, どういう可能性でも開いていけるように, できるだけ多くの機会が提供されるべきだ, ということでしょう. コメニウスは, 誰か一人でも迷路を抜け出す道を見つければ, 多くの人々を導けるのと同じように, 誰か一人にでもその可能性を開く道を示すことができたら, それは世界に光を取り戻す希望になる, と言っています（『パンパイデイア』2章27節）. そのために, 「これだけはできるだけ身につけよう」という課題を考えたんですね.

森：それについては, これからお話ししていくということですね.

風：私たち大人は全知全能ではありません. 子どもが何に向いているかは予見できないし, そもそも世界を正しく認識できている保証もありません. しかし, 生まれてきた子を放り出すわけにはいきません. そして, 私たちは放り出されなかったおかげで生きています.

　コメニウスは, 人間の可能性も考えましたが, 人間が生きていくために必要な物事とは何かを探求して, 信じるに値するって考えたことを子どもたちに示したのです. もちろん, コメニウスが提示した世界の姿は, その時代や文化に制限されていました. それを批判するのは簡単です. では, 現在の私たちは, 「これは身につけておきなさい」ってことを子どもたちにしっかり示せているでしょうか. 「みんなちがってみんないい」っていう優しい言葉にがんじがらめにされて, 何を示していいのか迷ったり, 考えるのを中途半端でやめて逃げちゃったりしていないでしょうか. コメニウスは, どう教えればよいかを徹底的に工夫したことで評価されていますが, こっちの功績も大きいんです（熱帯化）.

高：リモートのはずなのに, 暑くなってきましたね.

　続きは来週ということで…….

II 教育の対象

——あらゆる年代，身分，性，民族にわたって，誰もが教育されるべきだ

高：今回は，「あらゆる人間にあらゆることをあらゆる側面から教育する」の「あらゆる者」についてがテーマですね.

風：ここに引いたのは，『パンパイデイア』からです（1章6節）.『大教授学』にも似た表現がありますが，こちらの方がより深められています.

森：「邑に不学の戸なく，家に不学の人無からしめん事を期す」って学制序文に書かれたのは明治5年（1872年）ですから，江戸時代の初めだった頃に，コメニウスがすでにこういうことを言ったというのは，すごいですね.

風：ドイツのルターも，子どもたちを学校に通わせる必要を論じましたけど，コメニウスは，「知恵の学習と魂の教育からどんな人間も除かれてはならない」（『パンパイデイア』2章28節）と言っています.学制序文では，身分や性別を超えて，と書かれてますけど，コメニウスは「年齢も民族も超えて」って書いています.

高：私は民族を超えてっていうところに，コメニウスの思いを感じます.彼の死後，チェコで母国語による教育が認められたのは，ずいぶん後でしたから…….

風：ただ，教育の普及を，文化の押し付けのように見る意見もあるんです.たしかに，現在の世界で行われている教育って，ヨーロッパで考えられたものがモデルになってます.それを当然のように考えて広めるのは文化的な植民地主義じゃないか，っていうんです.

森：文化の独自性は大切です.ナチスのホロコーストのようなことはあってはなりません.でも，文化と文化が出会うなかでは，葛藤ゼロってわけにはいかないでしょう.その主張を進めていけば，世界中で鎖国しなければいけなくなります.

高：それじゃあ交流はできないし，新しいものも生まれません.文化も触れ合うなかでお互いに変わるわけですから，受け入れる側にとってOKかどうかを考えればいいんじゃないでしょうか.理屈先行な議論はよくないと思います.

森：コメニウスはどう考えていたんでしょうか？

風：コメニウスにはクリスチャンとしての誇りがあります.イスラム教徒を改宗させられないかって考えていました.それだけで「押しつけ」とか「優越感をもっている」って感じる人もいるでしょう.でも，人類の歴史って，ある意味で

は，「これがよい」って考えたことを広めようとしてきた歩みですよ．コメニウスは，少なくとも十字軍のような暴力的な手段を考えてはいません．

高：ほかにはございますか．

風：コメニウスが生まれたチェコの東部のモラヴィアは，西部のボヘミアに比べると，学問や芸術が盛んではありませんでした．コメニウスは，当時から大都市で文化の中心だったロンドンやアムステルダムやストックホルムも訪れていますが，そういうなかで，教育が普及して文化が発展しないと，結局は風下におかれてしまうということを痛感していたと思います．

高：疑うわけじゃないんですが，エビデンス（根拠）をお願いできますか（笑）．

風：承知しました（微笑）．コメニウスは，今のルーマニアとハンガリーにまたがる地域にあったトランシルヴァニア公国に招かれて，学校運営を助言しましたが，その時の講演が残っています．そこで，教育を普及させて国を発展させないとみじめだということを力説しています．「上から」な言い方にならないように考えた形跡も見えます．

森：形跡ってなんでしょう．

風：自分を「モラヴィアのウヘルスキー・ブロト出身だ」って紹介しています（「知能の開化に関する講話」）．モラヴィアとハンガリーはほとんど接した地域にありますが，当時の文化的な中心とはいえませんでした．「私も教育が不足していることで苦労してきた」って伝えたんでしょう．やさしさを感じます．

高：モラヴィア出身者としては自慢したくなるような話です（嬉）．

風：話を戻しますが，教育基本法には，人種・思想信条・性別・身分・経済的地位・家柄などで差別しないという，教育の機会均等が定められています．これは，コメニウスをはじめ，教育を受ける権利を主張した人々の努力が実を結んだ証です．しかし，彼は国民の教育権の生みの親というレベルも超えています．

森：どういう意味ですか？

風：教育基本法は日本の法律ですから，「すべて国民は」と書かれています．でも，世界には国の統治が安定せず，少数民族への差別などがあって，教育を十分に受けられるない人々が，まだまだ大勢います．

　それぞれの国がしっかりするのは当然なのですが，国という枠だけで考えると，そこからもれる人々が出てしまいます．コメニウスは「諸国民の教師」と呼ばれることがありますが，彼の時代には，国なんて，まだはっきりした形もなかったわけです．彼が無条件に「あらゆる者に教育を」と訴えたってことでは，「諸国民の教師」というよりは「人類の教師」と呼んだ方がいいと思います．

女性を知恵の探究から完全に除外しなければならない論拠など，何ひとつあげられない

高：コメニウスは，男女の別にかかわらない教育を訴えましたよね（『大教授学』9章5節）．

風：そうです．ただ，過去の思想の不徹底さを批判する主張もありますね．たとえば，この表現だと「完全に」が問題だとか……．

森：私はピンとこないんですが……．

高：「完全に除外していい理由は見つけられない」というのは，裏返せば「少しは除外してよい」という余地を残している．つまり，男女の完全な平等は認めていない．認めていないからよくないと……．

森：それって，少し深読みしすぎじゃないでしょうか．

風：実際，女性が高等教育を自由に受けられるところまで，コメニウスが認めていたとはいえません．その意味で，部分的には除外というか，性的役割から考えた面はあったでしょう．

森：私は，時代や社会の制約ってあると思うんですね．それを無視して現在の基準で過去を裁くのは無理があると思います．

高：自由化以前のチェコの社会では，多くの不正が行われていました．それを積極的にリードした人もいましたが，やむを得ず従わなければならない人もいました．安全地帯から批判するのは簡単です．

風：こういう問題って，非常にデリケートにとらえる人がいます．たとえば，体罰は当然ダメですが，日本でもヨーロッパでも一昔前まで当たり前だったわけです．ですから，現在の尺度で裁断していったら，過去から学ぶなんてできなくなっちゃいます．お2人とは実りのある話ができそうで，ありがたい限りです．

高：ネニー・ザッチ！

　　☞チェコ語で，「どういたしまして」の意

　チェコ語では，女性が結婚して相手の姓を名乗る場合，だいたい相手の姓を女性形に変化させて「オヴァー」がつきます．スメタナさんと結婚すれば，スメタノヴァーさんです．

風：チェコ人女性は結婚すると，皆オヴァーさんなわけですね……．どうぞスルーしてください（恥）．

高：それに対して，過去の女性差別の名残りだっていう主張があります．私は一理あると思いますけど，大事なのは言葉よりも実際です．

森：言葉遣いにとっても敏感な人がいますが，「ジェンダー意識が乏しい」とか言っているご本人の行動が傍若無人，ってことって結構ありますよね.

風：言葉遣いは大事ですが，それが本質か，って思うことがあります.「障害」っていう表記は失礼だから，「障碍」とか「障がい」って書くべきだ，って言われたり，いや元のままでいい，って言われたり…….

森：とくに，21世紀になってから，性的少数者の教育を受ける権利が言われるようになりましたけど，さすがのコメニウスも，そこまでは考えていないですよね.

風：性的少数者に限らず，誰もが権利を主張できるのは，ある程度，その社会が自由主義的である場合です．自由主義の反対は共同体主義です．伝統とか社会的な価値が優先されます．現代につながる自由主義が芽生えたのは，ちょうどコメニウスの時代のヨーロッパでした．彼自身，宗教的な少数派だったので自由への憧れはありました．でも，自由が行き過ぎて社会が混乱するのも心配してました.

高：もし今だったら，どんな提案をするでしょう.

風：難しいですね……．コメニウスも故郷の独立を奪われて，権利を主張し続けました．権利を主張する人の気持ちはわかるはずです．でも，そのうえで，何のために権利を主張するのか，って尋ねるんじゃないでしょうか.

森：どういう意味ですか.

風：前回，自己中心性のことをお話しました．自己中心性は人間の性で，だから私たちは自己主張します．でも，自己主張すること自体が目的だったら，社会は立ちいかなくなります．自由主義って可哀そうなところがあります．皆が自己主張する権利が認められているのに，その社会はあまり感謝してもらえません．気づいたら，クレームだらけで世の中が停滞したりしています.

高：日本では，権利って自然に与えられたように思っている人が多い，って言われますけど，ヨーロッパ的には，権利って勝ち取るものです.

風：でも，フランス革命みたいな流血は避けるべきでしょう．歴史を振り返れば，ある主張が社会的に受け入れられるのは，それが個人や少数派から始まったものであっても，そこにとどまらない広がりが認められた時です.

森：多数派であろうが少数派であろうが，権利の主張が単なるクレームにとどまっていては，問題は改善しない，ってことですね.

風：権利の主張って，下手をすると自己中心性に陥ってしまいます．それだと，周囲の理解は得られません．全体の利益につながるような主張ができれば，味方も増えるでしょう．それが賢い権利の勝ち取り方じゃないですか？

森：コメニウスが教育に光を当てた意味も，そこにあるわけですね.

風：素晴らしいです．教育を受ける権利ってなぜ大事かっていうと，教育があってこそ，権利の大切さもわかるし，上手な権利の勝ち取り方も考えられるようになるからです．教育って権利の子じゃなくて親なんです．

▼ 内的欠如があるなら，よりいっそうの外的補助が必要だ

森：私は絵本を書くんですが，コメニウスの『世界図絵』の挿絵はどれも面白くて，見飽きることがありません．でも，「変形と発育異常」っていう章があって，身長の差だけじゃなくて，甲状腺異常とか双頭症の人も描かれていて，どういう意図があったのかと思いました．

高：コメニウスにインタビューしてみたいところです．差別意識は読みとれないですが，かといって同情のようなニュアンスもないです．

風：『世界図絵』って，子ども向けの小百科事典みたいなものなんですが，コメニウスがとった説明の仕方が関係しているんです．当時のヨーロッパで権威を保っていたアリストテレスの哲学では，何かを説明する時に，その物事の本質を指す定義をあげます．そして，そこから外れた例をあげて補足するんです．『世界図絵』では，35章から人間の一般的な説明が始まって，その最後の43章に「変形と発育異常」が出てきます．

森：発達障害の研究が進んで，以前は「障害」と言われていたのを「個性」としてとらえようっていう見方が出てきているって聞きました．そういう見方からすると，一般と例外を区別するっていうのは批判されるんじゃないでしょうか．

風：するどいです．たとえば，昆虫学者は昆虫を分類して，Aは一般的でBは奇形だとか説明します．そう分類される昆虫の気持ちを考えたりはしません．でも，人間は互いにわかり合える可能性があるわけだから，特定の見方で分類して区別するのは乱暴だっていう主張が出てきたんですね．

『世界図絵』第43章挿絵

森：一人ひとりを大事にする，っていうのを反対する人はいないでしょう．でも，何でも個別対応ってことだと，何かを一緒にするのは難しくなりますね．

風：私もそう思います．個性の尊重は大事ですが，一人ひとりの特性を理解するには，比較や分析も必要です．それを冷たいとかいうのは違

うでしょう.

高：パラリンピックのアスリートの姿って感動しますけど，それは自分たちの「欠如」を言い訳にして「同じようにできなくて当たり前」ってあきらめないからです．他と比較して，「今のままでいたくない」って思わなかったら，何も生まれなかったはずです．

風：「今のままの自分でいたくない」って気持ちは，健常者も障害者も関係ないですよね．コメニウスは，『パンパイデイア』の第2章の最後に，障害の有無を超えた教育の保証が必要だって書いていますけど，そこからすれば，『世界図絵』の挿絵も，いろんな違いはあるけど，「みな同じ人間なんだ」，「可能性があってそれを開化させられるんだ」ってことを言いたかったんじゃないかと思います．

森：障害者の教育保障は，教育基本法が2006年に改定された時に盛り込まれていますから，本当に先駆的ですね．

風：コメニウスが言うのは，上から目線な同情なんかじゃないんです．目が見えなくても優れた音楽家になった例などを引いて，障害のためにある能力が使えなくても，援助さえあれば，ほかの能力をもっと強く発揮できるって書いています．ここにも，何か恩恵のように権利を認めるというより，権利を勝ち取れるように実力をつけるんだ，っていう考え方が見られます．

揺りかごから墓場までの全生涯が学校である

高：「ゆりかごから墓場まで」って，第二次世界大戦後のイギリスで社会福祉の目標として掲げられた言葉かと思っていましたけど，コメニウスがずっと前に使っていたんですね．

風：もっと古い使用例があるかもしれませんけどね……．最初はとくに子どもの教育を重視していたコメニウスですが，次第に教育は生涯を通しての課題だと考えるようになりました（『パンパイデイア』5章1節）．

森：世界的にみても，生涯教育っていう考え方が出てきたのは1965年でしたよね．生涯学習の理念も，教育基本法が改定されたときに盛り込まれたんでしたね．

風：「人生ずっと勉強だ」というのは別にコメニウスの発明じゃないでしょうが，コ

人生の階段
（『世界図絵』の挿絵より）

メニウスはかなり具体的に論じています.

森：人間の生涯を，①受胎して成長する時期，②誕生から幼児期，③児童期，④青年期，⑤若年期，⑥壮年期，⑦老年期に分けて，それぞれに対応する学校が必要だって言っていますね．そして，最後には死を迎える段階も絶対に付けくわえられなければならないっていうので，生涯は8つの学校としてとらえられるというんですね.

<table>
<tr><td colspan="2" align="center">エリクソンのライフサイクル</td></tr>
</table>

時　期	主な課題
乳児期（〜1歳未満）	信　頼
幼児期初期（1〜3歳）	自律性
幼児期後期（3〜6歳）	積極性
学童期（6〜13歳頃）	勤勉性
青年期（13〜22歳頃）	自我同一性
成人期（22〜40歳頃）	親密性
壮年期（40〜65歳頃）	世代性
老年期（65歳以上）	統合性

コメニウスの8つの学校

時期	主な課題
誕生期（受胎〜誕生）	親の配慮
幼児期（約6歳）	感　覚
児童期（6〜12歳）	想像力・記憶
青年期（12〜18歳）	理　性
若者期（18〜24歳）	徳性・信念
壮年期	生活の実践
老年期	人生の享受
死	

風：「学校」って，つい校舎をイメージしますが，幼児教育は家庭で行われるのがよいと考えていましたし，壮年期は自分が自分の教師になって，足りない部分は読書などで学ぶんだ，と書いています．さっきお話ししたトランシルヴァニアの講演では，読書の仕方なんかも話してます．大人になって自分で学べるように，早くから読書の習慣を身につける必要がある，って考えたんでしょう.

高：読書って大事だってわかってても，なかなか習慣化できないものですよね．コメニウスはどんなことをアドバイスしたんですか.

風：「読んだものを選択することによって自分のものにするのが読書の唯一の成果である」と言っています．そして，記憶はあてにならないので，抜粋帳をつくって要点や名言を書き留めるように勧めています．アルファベット順の索引を付けておくと便利だとか，具体的に提案しています（「書物についての講話」）.

森：話を戻しますが，コメニウスが，胎教のような，子どもの誕生を迎えるための親育を考えているっていうのは，興味深いですね．子どもを得られなくて悩んでいる夫婦もいるのに，一方では児童虐待が一向に減りません．親育は必要です.

風：コメニウスが幼児教育の段階を母親学校とか母の膝と呼んでいるのに，抵抗はございませんか？

森：私はそれほどフェミニストじゃないので（笑）．でも，「コメニウスが子育てを女に丸投げしていいと思っていたのはけしからん」って思う人もいるかもしれませんね．

風：昔のヨーロッパでは，家庭の権利は父が握っていました．ですから，母が教育に関わるべきだとコメニウスが主張したのは，女性の地位を高める発言でした．ただ，その後，家庭の規模が小さくなっていくと，母は子育ても他の家事も押っつけられるようになったわけですけど……．

高：いろいろご配慮ありがとうございます（微笑）．幼稚園のことを，ドイツ語ではキンダーガルテンって言いますね．「子どもの園」っていう意味ですね．チェコ語では，コメニウスのおかげだと思うんですが，マテジュスカー・シュコラっていいます．「母親学校」って意味です．ですので，気にしたこともありません．

　私は，コメニウスが老年期から死までをとらえているのが，ユニークだと思いました．

風：成人教育学（アンドラゴジー）とか高齢者教育学（ジェロゴジー）がいわれるようになったのも，20世紀後半からですからね．分け方は違いますが，アイデンティティという言葉で知られている心理学者のエリクソンも，人生を8段階に区分していますね．コメニウスは生涯学習理念の父と呼んでいいでしょうね．

高：でも，学校が嫌いな人は「人生全体が学校じゃたまらない」って思うんじゃないでしょうか．

森：私が学生の頃は，大学の就職課って，求人票を貼ってあるくらいで何もしてくれませんでしたが，キャリア教育が重要だというので，今は大学でも就活の指導を熱心にやってるそうですね．お辞儀の仕方とか面接で有利なメークとか……．

風：まあ，就活くらいならいいですが，婚活どころか終活まで教えているところもあります．私は「そんなことまで教えられないといけないのか」って思ってしまいます．何でも先回りして教えられるんじゃ，人生つまらないですよ．

高：でも，コメニウスは「人生全体が学校だ」って言っていますよね．

風：たしかにそうです（少汗）．この点は，誤解を招きやすいので補足しておきましょう．コメニウスの時代は，学校に通えるのは，ある程度の財産のある家の男の子ぐらいでした．それ以上に，実社会は混乱の極みでした．そうした状態から人間，とくに子どもを守る空間として学校が必要だ，と考えたんですね．そして，社会も正されて，良い意味での学校のようになるべきだ，と考えたんです．

森：たしかに，学校制度が普及したうえに，お習い事や塾も盛んで，職場では研修が行われて，婚活から終活まで教えられている現在と，コメニウスの時代を一

緒くたにしちゃいけませんよね．

風：そうです．コメニウスの時代は，日本でもヨーロッパでも教育をしていたのはお坊さんや牧師さんだったりしたわけで，教育はまだ独立したシステムにはなっていなかったんですからね．

　教育が独立したシステムになったのは，よいことのように見えます．でも，現在は，教育が肥大化しすぎて，人生全体が学校化されてしまっているんですね．

高：そうしてみると，教育がシステムになる以前の時代にコメニウスが考えたことって，逆に参考になるんじゃないでしょうか．

風：待ってました（嬉）．では，少々ご紹介しましょう．コメニウスは，物事は理論を学び，それを実践に移し，さらに他の問題に応用して，それで一応の完結に至る，って考えてました．生涯にわたる課題についても書いてますけど，壮年期以降で，それまで身につけたことを実践し応用するんだ，って言ってます．

　まだ，基礎も基本も身についていないのに，「何でも経験だ」っていうのは雑でしょう．理論と練習を軽視しています．でも，いつまでも先回りして「大丈夫？」っていうのも，愛情のはき違えでしょう．世の中がいつまでも飛び立てないひな鳥ばかりになっちゃったら，大変なことです．ある時期まではしっかり保護するけど，そこから先は，まだ心配であっても期待を込めて，「ここからは自分の足で行くんだ」って背中を押す．それは冷たくもなんともないと思います．

高：私は日本が好きですが，教育に関してはちょっとやり過ぎじゃないかと思ってましたので，コメニウスのドライな提案をお勧めしたいです（微笑）．

風：現在，何か課題があるとすぐに教育に押しつけられて，飽和状態になっています．それは本当に教えられるべきことなのか，お金と時間はかけられているけど，本当に身についているのか，評価は妥当なのか，とか，教育が肥大化したことで出てきた問題がたくさんあります．

　コメニウスは，当時の学校を迷宮のようだと批判しましたけど，今の教育は違った意味で迷宮の度を深めている，と言えるんじゃないでしょうか．「いろいろあっていい」という流れが，さらに混迷を深めています．簡単ではないですが，コメニウスのように物事を整理する努力が必要です．

▼ 老人も生き続けて前進しなければならない

森：日本は高齢化の先進国ですけど，コメニウスが老年期と臨終の段階について書いているのは，もっと注目されていいですよね．最後まで波乱に富んだ人生で

したから，後悔が残らないように思慮深く生活するように忠告していますね．

風：歴史の実例を参考にしながら人生を振り返るように勧めています．無謀と強情に気をつけろとか，欲望が過度にならないように節制に努めろとか……．彼はこの人生は永遠の生の前段階だと考えましたから，それにつながる老年期も重視したんですね（『パンパイディア』14章）．

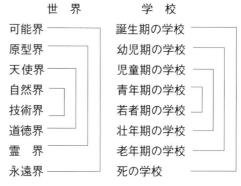

世　界		学　校
可能界		誕生期の学校
原型界		幼児期の学校
天使界		児童期の学校
自然界		青年期の学校
技術界		若者期の学校
道徳界		壮年期の学校
霊　界		老年期の学校
永遠界		死の学校

世界と学校（人生）の関連づけ
（『パンパイデア』第15章）

高：死の学校についてあまり詳しく書かれていませんが，八重の世界観と8つの学校を対照させた図を入れていますね．どう理解したらいいんでしょうか．

風：コメニウスは，世界を，形のないものが現れて形になって役割を果たし，それが再び形のないものに回帰していく運動としてとらえたんですね．胎児は本当に微々たる存在で，生まれてもしばらくは頼りないですが，だんだん成長して一人前の口をきくようになり，気がついたら子どもを育てる側になっている．でも，だんだん衰えて，いずれは最期を迎えるわけですね．

高：幼児期と老年期が対応させられていますね．

森：60歳の還暦を迎えたら，赤いちゃんちゃんこを着るっていう風習は，生誕時に戻るっていう意味があるんでしたよね．それを連想します．

高：今は60歳っていっても現役バリバリの人も多いですけど，いつまでも元気ってわけにはいかないですよね．老いを認めるってことは，自分にとっても周囲にとっても必要なんじゃないでしょうか．

森：いやな言葉ですが，老害ってあると思います．いつまでもポストにしがみついて，後進に道を譲らない人っていますよね．せっかく頑張っても，周りの人の良い記憶に残らないんじゃ美しくないですね．逆に，周りもその人の老いを認められなくて，ちょっと耄碌したのを，いちいち「チッ」とか舌打ちなんかしてイライラしてたら不幸です．自分も周囲も，「ああ，子どもに返っていくんだな」って大らかに見られたらいいでしょうね．

風：人間って，いろいろなことを「見なす」ことで生きていますよね．自分の家にいるインコを食べようという人はいないでしょうけど，スーパーに行けば鶏肉

を買ってくるでしょう．それはスーパーで売られているのは食品だと見なしているからです．「見なす」ことは認識の足かせになることもありますけど，うまく活かすこともできるでしょう．

高：でも，周囲はともかく，自分が老いを認めるには，自分で自分をそう見なせないといけませんよね．

風：コメニウスは，遺言書なんかも書き残すように勧めていますが，最期になってからではなくて早くとりかかった方がいい，と書いています．そして，自分がいよいよ老衰期に入ったと思ったら，「すでに肉を取り去ったかのようにして生きる」のがよいとも言っています．示唆的ですよね．

森：自分を死すべき者と見なして，そのように生きるということですね．最近は，ただ歳をとるのに任すんじゃなくて，意識がしっかりしているうちに生前葬をするっていう人もいますね．

風：私的なことですが，母の最期は見事でした．30代終わりくらいから何度も病気になって，最後は心臓を患いましたが，「もう長くない」って思った時に父への感謝の手紙を書いて，それを自分で銀行の貸金庫に預けたんです．いよいよ最期って時に，父にそれを伝えたんです．葬式で父がその手紙を読みましたけど，母には死に方まで教えられたと思いました……．

高：尊厳をもって人生を締めくくられるのは，ご自分だけじゃなくて残された人にも救いですよね．人間が死んでどうなるかは，たとえあの世があったとしても，返ってきて報告した人はいないわけだから，確実なことはいえないでしょう．むしろ，人の死って残された側の問題なんじゃないかと思います．親しい人の死が傷のようになって残るのはつらいですね．

森：お母さまがお別れの気持ちを書けたのも，意識がしっかりしているうちに死を見据えられたからなんでしょうね．考えさせられます．

風：『孤独について』という作品では，配偶者を失った男女，親を失った子ども，国民を失った君主，君主を失った国民とか，コメニウスは，いろんなレベルでの人間の孤独について考察しています．

森：コメニウスの教育関係以外の作品も，もっと日本語で読めるようになるといいですね．来週は学校についてですね．

　　ヘスキー・ヴィーケンド（よい週末を！）

 学校の意義

　　——学校は，人間を作る工房，社会の苗床，

　　全生涯の序曲になるのだ

高：コメニウスは「近代教育学の祖」って呼ばれてますが，それはなぜなんでしょうか．

風：19世紀にヨーロッパ，アメリカ，そして日本でも公立学校制度ができます．学校教育には教師が必要で，教師を育てないとなりません．そのなかで，教育にとりくんだ偉人がとりあげられて教えられるようになりました．コメニウスは，心構えの問題だけじゃなくて，教育の目的・内容・手段・方法はもちろん，制度や行政についても提案しましたからね．

森：『大教授学』と晩年に書かれた『パンパイデイア』に書かれていることを，まとめて表にしてくださったんですね．各家庭での幼児教育のあとに4段階の学校を提案しているんですね．

高：ギムナジウムは，学年的には日本の中学校や高校に対応しますけど，もっと専門的ですよね．

風：中等教育は，20世紀後半から世界各国で義務化されるようになったんですが，それ以前は，専門教育を受けるための基礎段階だったんですね．戦前の日本の中学校と同じです．『大教授学』では当時の一般的な教育内容を入れ込むので過密になってますが，『パンパイデイア』では，学年が細分化された一方で，教えられる内容は精選されています．

高：17世紀にこんなところまで考えたってことで，「近代教育学の祖」と呼ばれるようになったんですね．彼自身が学校にこだわったのはどうしてですか．

風：ここに引いたのは，教授学の全集の最後の方からです（「青年の楽園」48節）．コメニウスは三十年戦争で祖国を離れましたが，この戦争の被害は甚大で，多くの国が衰退し，離散した家庭も数えきれないほどでした．学校は次の時代を担う子どもを社会の害悪から守り，子どもたちが社会を再建する出発点になるべきだと考えたんですね．

森：アメリカの哲学者のデューイが，学校は社会の縮図であるべきだ，と言ったのと似ていますね．

風：さすがです．デューイは，学校で民主主義的な教育を行えば社会の改善につ

ながると考えたんですね．教育史では，デューイは学校中心の古い教育を批判した新教育のリーダーってことになっています．コメニウスは，デューイからは旧教育にくくられた組に入るんでしょうが，学校がすべてだとは考えていません．序曲と言っている通りです．ところで，コメニウスが学校を重視したのは，単に教育に携わったからじゃなくて，深い考察があったんです．

コメニウスによる４段階の学校体系
(『大教授学』と『パンパイデイア』の記述をもとに作成)

学校段階	年　齢	設置単位	対　象	学習内容・方法	『パンパイデイア』でのクラス
大　学 (アカデミア)	24歳まで	各王国及び大きな州	指導者や教師をめざす者	集団討論や演劇をとりいれて実践	口頭試問・留学
					古典著作
					パンソフィア
ギムナジウム (ラテン語学校)	18歳まで	各都市	知的労働をめざす者	礼拝から始まり，右の主要科目を討論などによって学び，それに関連する歴史の学習，学習内容の応用練習を行う	修辞学
					弁証法
					倫理学
					数　学
					自然学
					文　法
母国語学校	12歳まで	各町と村	すべての男女	読み・書き・計算，教理問答・聖書・聖歌，倫理，家政・政治，歴史，天文・地理，工作技術	聖書・自然・知性に関わる訓練
					聖書の精髄
					聖書の要約
					児童向けの倫理学
					感覚（絵入り本）
					文字の初歩
母親学校	6歳まで	各家庭	すべての子ども	身の回りの事物，数・形・文字の学習，道徳的態度の基礎，教理問答の基礎	読み書きの初歩
					道徳と敬虔
					発語と感覚
					片言と歩行
					乳児　1年半
					新生児　ひと月半

　　この世界に存在するものは何でも，
　教えるか学ぶか，あるいはその両方を交互に行っている

風：ここに引いたのは，イギリスを訪問した時に書かれた『光の道』からです（1章3節）．彼は，世界とは光の現われだと考えました．月は太陽の光を受けて

夜空を照らします．大気やそのなかの水蒸気の作用で空の見え方も常に変わります．そんな風に世界に現われている光のやり取りを，コメニウスは一種の教育だととらえたんです．

高：とてもロマンティックです．でも，科学的とはいえないように思います．

風：たしかに詩的です．コメニウスは，目に見える物理的な光のほかに精神の光があって，それが人間の想像や認識に介在している，って考えました．宇宙と精神をトータルにとらえようとしたんです．

森：自然科学は，一般的に世界と精神を区別します．そこからすると，コメニウスの考え方は異質かもしれません．でも，人間って宇宙の中で宇宙によって生み出されているわけですから，完全に区別することはできないですよね．

風：科学者のなかにも，自然と人間の分離を前提とした考え方を見直そうという動きがあります．コメニウスは，世界は自ら光る「発光体」と光を通す「透明体」と光を跳ね返す「不透明体」があって，世界はすべて光なんだ，と書いています．現代の物理学でも，似たような見方が出されています．これは純粋に哲学の話になるので，深くは入りませんが，勉強してみたいと思います．

　コメニウスのいう透明体って空気や水のような媒体です．人間の精神は外からやってきた情報を何らかの仕方で跳ね返すので不透明体にあたるといいます．

森：それはわかります．情報の返し方って，人によってずいぶん違いますよね．

風：ありがとうございます．コメニウスも，そのことを問題にしてましてね．人間を観察すると，「ほとんど何も受け取らず，利用しないで通過させてしまう」魂や，「受け取るものを再現するだけの記憶力だけの魂」があるが，「推論によって知をすばやく増幅させる，論証力のある魂」にまで高めないとならない，って書いています（10章5節）．

　精神を情報が書き込まれる紙にたとえる考え方を，表象主義っていいます．コメニウスにもそういう発言があるんで，コメニウスは表象主義者だっていわれます．でも，ここでわかるように，精神の不透明性を問題にしていたんですよ．

高：面白い話です．馬耳東風とかKYとか，コメニウスも気にしていたんですね（笑）．ところで，コメニウスが学校にこだわった話はどうなりますか？

風：少し脱線してしまいました（恥）．ここでコメニウスが言っているのは，「世界は光の現われであり，世界は教育によって動いている」ということです．20世紀のチェコを代表する哲学者にヤン・パトチカがいますが，彼は，ここからコメニウスを「世界を教育の相から見た哲学者」であると解釈しました．

☞相馬伸一編訳『ヤン・パトチカのコメニウス研究』（九州大学出版会，2014）

森：「相から」ってどういう意味ですか．あまり聞きなれないですが．

風：英語でいえばin terms of～とかfrom the viewpoint of～でしょうか．コメニウスと同時代のデカルトは，数学的視点から世界を見たといえますし，『リヴァイアサン』を著したイギリスのトマス・ホッブズは，権力という視点で世界を見たといえます．それに対して，コメニウスは教育という視点から世界を見たっていうことです．

　そして，ここからコメニウスの言葉を読み返すと，彼が学校にこだわった理由がわかります．教育って何かの手段と見なされがちですけど，この見方をとると話が違ってくると思われませんか？

高：近代的な教育が広まった19世紀は，世界で国家主義が強まった時代ですけど，たしかに教育には強い国民をつくることが求められましたね．

森：国民教育ですね．戦後の日本は経済大国をめざしましたけど，教育界には人材養成が求められましたね．

風：そうです．1963年の経済審議会の答申には，「ハイタレント・マンパワーの育成が急務だ」って書かれました．

　そういう風に，教育って政治や宗教や経済の目的を達成するための手段と見なされてきた歴史があります．これは「社会のための教育」って呼べると思いますが，コメニウスの言葉を見て，何かお気づきになりませんか．

高：……わかりました．教育と社会の関係が逆になっていますね．コメニウスは，教育が世界を成り立たせている，って見ていますね．

風：お見事です．『大教授学』には，学校は「教会と政治と家政の苗床」になるべきだと書かれていますから，大正解です（「読者への挨拶」34節）．教育について考えた人は数えきれないほどいるでしょう．でも，会社の経営者が人材育成を考えれば，どうしても利潤の拡大のためにはどうしたいいかという発想になります．これは，「経済の相から」教育をみているわけで，「教育の相」から見てるとはいえないですよね．

森：常識じゃ考えられないような人材育成をやってる企業ってありますね．コメニウスのように，「教育の相から」見ることができれば，そういう問題を正すこともできるかもしれません．

高：私も教育は尊重されるべきだと思います．でも，今の日本が豊かなのは，企業戦士たちがハードな仕事に耐えてきたからってことも無視できないですよね．そういう世界に生きている人たちのやり方に問題があったとしても，「それは教育的じゃないです」って言って，果たしてきいてもらえるでしょうか．

風：おっしゃるとおりです．コメニウスは，この問題に2つの方向からアプローチしたと思います．ひとつは，教育者に対する提案で，もうひとつは社会全体に向けた提案です．

　親も教師も，どうしても子どもを保護しようという発想に立ちます．現実の社会には不正や危険が多々ありますから，子どもを守ることは必要です．ですが，子どもを無菌状態でずっと囲い込んでおいて社会が成り立つわけはありません．それじゃあ子どもも生きていけません．その点，教育関係者に一種の「甘さ」があることは否めないですよね．教育の視点ばかりを優先して，コストや現実的な判断を度外視する傾向があります．その点，コメニウスには，社会に出てもやっていける逞しさを身につけさせなきゃ，そんな教育には意味がない，っていう現実的な見方があります．

森：社会全体についての提案って，どういうことでしょう．

風：『総合的熟議』で，学問・政治・宗教の改善を提案していますけど，簡単にいえば，社会の指導者に「子どもが学びの模範になるような社会にしなさい」って求めているわけです．コメニウスはかなり 憤 って いて，学校のようであるべき世界が「愚鈍と狂乱の競技場」になっていると痛烈に批判しています（『光の道』2章5節）．

　子どもの犯罪が深刻だというので道徳教育が強化されてきたわけですが，社会の指導的な立場の人たちの不正は後を絶ちません．バレなきゃいいどころか，最近はバレても居直ってます．それが報道されるわけですが，負の教育効果は計り知れないでしょう．

高：すると，コメニウスは，「社会のための教育」じゃなくて「教育のための社会」を考えた，って言えますか？

風：おいしいところを言われちゃいました（悔）．そう思います．その見方に立てば，社会は，どれだけ教育の模範になり得ているかで評価されることになります．その評価尺度かなんかが開発されて，「コメニウス指数」とか名づけられたら，って妄想します（笑）．

 ## あらゆる人が学校を通過しなければならない

森：孫の友だちに長いこと学校に行っていない子がいて，その子の意見を孫から聞いたんですが，コメニウスの主張を受け入れられるかな，と思いました．

高：聞いてみたいですね．

森：学校に不満をもった原因があるんでしょうが，その子は「将来の社会のために子どもを学校に通うように義務づけるのは強制だ」って言っているそうです．

風：教師をめざす学生からも，似た意見を聞くことがあります．そのままでいくと，自分の素朴な意見と仕事で求められる実際との間のズレが大きくなって，何より本人が困るだろうと思います．

高：義務教育って言葉に拒否感があるんですね．頭の中に，義務イコール強制イコール拒否っていう等式があるみたいです．

風：まず，義務教育は親が子どもに教育を受けさせる義務をいうのであって，子どもに認められているのは教育を受ける権利なんですよね．教職をとっている学生でも，知らないのがけっこういます．

高：でも，親の義務を子どもに強制するのがよくない，って言うんじゃないでしょうか．

風：いやだと思っているところに「そうじゃないでしょ」って言われると，すごく拒否しますよね．でも，正しいと思っていても間違っていることってありますよね．

森：前回，コメニウスが自己中心性について考えていたという話をうかがいましたが，自分の見方を見直そうとしないのは自己中心的だということになるんじゃないでしょうか．

風：けっこうキツいですね．でも，そうだと思います．自己中心性って単に心情的な問題じゃありません．知識が足りないと他の見方が身につきませんから，いつまでも自己中心性を克服できないことになります．

　自己中心性って若者だけの問題じゃありません．学者の世界でも，価値観が多様化するなかで互いの批判が弱まっているせいか，以前の研究も十分にチェックせず，文献全体を読まないで書いた論文を見かけます．学界の重鎮が，ある論文がおかしいと思って若い研究者にメールしたら，「いろいろあっていいじゃないですか」という返事が来て，あとは音信不通になったそうです（嘆息）．

　……話を戻しますが，では，逆に，親が「子どもを学校に行かせない」って家に縛りつけていいのかっていうことです．家の仕事を継ぐのが当たり前だった時代，多くの子どもはキャリアを選択することができなかったわけです．コメニウスが学校は人生の序曲だと言うのは，学ぶことで人生の可能性が広がるからです．

　コメニウスは，教授学の全集の最後の方で，自分の理想とする学校が実現されたら，親は子どもが学校を避けるのを認めてはならない，と書いています．学校に多くの問題があるのは事実で，改革は必要です．それを大前提として，親は子

どもを学校に通わせるべきだ，という考えだったと思います（『光の道』献呈状19節）．というのは，コメニウスとって人生は学校ですから，それを避けるのは人生を下りることになるからです．

高：学校に通うのが権利なら，行かない権利もあると考えていたんでしょうか．

風：障害者が教育を受ける権利を述べていますから，それぞれの人間にふさわしい教育が保障されない場合でも，とにかく学校に行きさえすればいい，とは思っていなかったと思います．現在，特別支援教育の充実がいわれて，さまざまなニーズに対応した学校のあり方が考えられるようになっていますよね．

森：フリースクールとかのオルタナティブ教育ですね．2015年に国連が持続可能な世界をめざした目標（SDGs）を打ち出しましたね．その中心は「誰も置き去りにしない」という理念ですけど，コメニウスのいう「あらゆる者を」って，まさにこのことじゃないでしょうか．

風：そう言っていいと思います．ヘレン・ケラーとアン・サリヴァン先生を描いた『奇跡の人』って映画がありますね．脚色もあるでしょうが，「言葉さえわかれば世界も歴史も知ることができるのに」ってサリヴァンが思い直して，ヘレンに再び向き合うシーンがあります．そして，ポンプから出る水を手に当てられ，もう片方の手に「ウォーター」と手話をされていた時，ヘレンにひらめきが走るんですね．あれって，「置き去りにしてなるものか」っていう信念の賜物ですよ．

高：将来の社会のことを考えて教育が行われるということがネガティブに受けとめられてしまう，という点については，どうでしょうか？

風：その子のことを知らないので一般論ですけど，将来をイメージするのは，今ここにいる自己から離れることによってできるわけです．これも自己中心性の見直しです．将来の社会の安全とか繁栄とかのために「頑張ってね」と求められるのを，イコール強制イコール拒否って切られてしまうと困ります．与えられることが当たり前になってしまって，いずれは自分が生み出して与える側にならないと社会は成り立たなくなる，ってことが想像できていないと思います．

森：大人は「将来の社会についての意見を聞かないじゃないか」っていう子もいますね．

風：先日，似たような意見の学生と話したんです．しかし，インターネットの偏った情報に影響されてるし，何しろ知識が足りないし，想像力も欠けていました．ちょっとずつほぐしていこうと思っていくつか質問したら，面白くなくなったんでしょう．すぐに出ていってしまいました（中嘆息）．

高：吐き出してすっきりされてはいかがでしょう？

風：ありがとうございます（微笑）．その学生は，日本は教師を増やして手厚い教育をするべきだと言うんです．フィンランドなんかに比べて全然ダメだと言うんです．でも，フィンランドの人口も財政についても全然知らないのです．もちろん税率も．日本で消費税が10％になったことがおかしいと言うので，「それでやっと日本でも幼児教育の無償化や高等教育の支援拡充も始まったんじゃない？」って話したら，出ていってしまったんです．財政赤字が世界最悪の水準の中で，日本は少子高齢化が続いていくんですからね．

森：「学びからの逃避」は深刻ですね．突きつめて物を考えることをものすごく嫌がりますね．「すぐにわからないのは意味がない」，「わからないのは説明が悪いせい」って決めつけられちゃあねえ．

　　ただ，今の子どもたちの周りにはモデルがない，っていう意見もあります．とくに，バブル崩壊後の日本は，学校で勉強したはずなのに満足できる仕事につけない若者をたくさん出してしまいましたし……．

風：戦後の高度経済成長期には「勉強すれば豊かな人生が待ってる」というメッセージがあって，ある程度はその期待が満たされたんだ，と言われています．しかし，これは歴史的に見れば例外です．

森：そう言われると，福沢諭吉が『学問のすゝめ』を書いた明治初期だって，建て前では四民平等でも，実際には藩閥政治や封建時代からの影響で，皆が夢をつかめたわけじゃなかったですね．それに，野口英世なんかみても，夢をつかんだ人の努力は半端じゃなかったわけですよね．

高：チェコなんかもっと大変です．常に政治体制が変化してきましたから，見込みがはずれた人の方が圧倒的に多かったのです．未来の見通しがはっきりしないから頑張れない，っていうのは甘えです（断言）．

風：諭吉が言いたかったのは，「頑張っても思い通りになるとは限らない．でも，学ぶしかないだろう」ということだったんじゃないでしょうか．コメニウスが「人間には学ぶより他に生きる目的は与えられていない」（『パンパイデイア』5章1節）と書いているのも，そういう意味だと思います．

森：少しすっきりしました．でも，学校に疑問を持っている子を勝手に話題にしちゃいましたね．

風：私も，学生のことをネタにして，勝手に盛り上がってしまいました（小反省）．

　　学校が社会の苗床や生涯の序曲であるべきだとしても，学校には，改善すべき課題が山積しています．コメニウスも，当時の教師のことを，思いつきでやって成果が出ないとすぐにキレる，なんて書いています（『大教授学』第12章17節）．個

人的な恨みでもあったかと思うほどリアルな表現です.

森：その子の学校にもう少し魅力があれば，そこまで学校を拒まなかったかもしれませんよね．でも，私自身もコメニウスの言葉でちょっと引っかかるところがあるんです.

風：どうぞご遠慮なく.

森：『大教授学』には，学校は「人間の製作場」であるべきだとありますし，『パンパイデイア』でも，学校が製作所とか工場という言葉で説明されていました．『大教授学』の後ろの方には教育を印刷にたとえた章があって，「教育印刷術」という言葉も出てきます.

　先ほどの子でなくても，強制イコール悪っていう等式が頭にある人は多いでしょう．そういう人は，教育イコール印刷イコール刷り込みイコール洗脳なんて思っちゃうんじゃないでしょうか？

風：一般の人だけじゃないですよ．『大教授学』のその章だけを読んで，嫌味っぽく言えば，その部分だけが刷り込まれてちゃって，コメニウスの考えはある種の洗脳みたいなもんだ，って書いている専門家もいます（赤嘆息）.

森：心理学では精神白紙説が有力なんだ，っていう話が前に出ましたよね．それが正しいんなら，教育が印刷にたとえられるのはごく自然なことですよね.

　印刷にたとえるのに違和感があるってことは，精神白紙説には反対ってことですね．私個人も，人間は生まれた後の働きかけで左右される部分がかなり大きいけど，天性とか素質ってやっぱりあるように思う派です．ですので，学校は工場だとか，教育は印刷だっていうのには，抵抗があるんです．最初の回でコメニウスは生得説の持ち主だとうかがいましたし…….

風：「ここまでは言えるだろう」っていう線でお話ししてもいいでしょうか？

高：望むところです（微笑）.

風：まず，「工場」とか「製作場」っていう訳語が誤解を招いています．コメニウスが活躍したのは17世紀ですが，工場って聞いていつの時代を連想されます？

高：産業革命くらいから後だとすれば，18世紀の終わりですか.

風：印刷技術は17世紀頃にはかなり発展して，分業も行われていました．でも，まだ工場って呼べる段階ではなかったと思いますよ．そこは親方と徒弟からなる世界で，私は「工房」って訳すべきだと思います．せめて工 場 （こうじょう）ではなくて工場（こうば）と読んでほしいですね.

高：わかりますが，抵抗感が解消するほどの説得力はないですね（笑）.

風：キツいですね（小凹）．でも，工房って言葉の方がいいってことを納得してい

ただいたという前提で先に行きましょう．工房で働いているのって誰ですか？

高：職人さんです．

風：職人さんって，どんなイメージを持たれます？

高：ステレオタイプ的にいうと，頑固一徹で妥協がないって感じでしょうか．でも，尊敬できる人が多いです．こだわりが強いですが，技術に裏づけられた自信がありますよね．そして，理屈じゃなくて実践で教えてくれますよね．職人さんと芸術家の区別ってないんだと思います．

風：賛成です．今，技術と芸術って言葉が出てきましたけど，ふたつはどう違うと思われますか？

森：どちらかといえば，技術は機械とかコンピュータを使う感じで，芸術は手作業という感じがします．でも，コメニウスの時代には，そう違わなかったんじゃないでしょうか．

風：まさにそうです．芸術って英語でアートですが，その語源はアルスっていうラテン語です．そして，アルスはギリシアのテクネーという言葉の訳語なんですが，これってテクノロジーの語源なんですよ．

高：テクノロジーとアートって同じだった，ってことですか？

風：そうです．アルスという言葉は，「技術」だとあまりにもモダンなので，「技法」などと訳されることもありますが，コメニウスの時代には，芸術と技術の垣根などなかったでしょう．

森：「学校はテクノロジーが支配する工場だ」って言われるとちょっと抵抗がありますが，「学校とは芸術工房の異名なり」って言われたら，孫はそっちに行かせたくなりますね（微笑）．

風：ありがとうございます．そして，コメニウスは職人をものすごくリスペクトしていたんです．これは教育にともないがちな「甘さ」をおさえるのにもきいていると思います．

高：エビデンスをお願いできますか（笑）．

風：コメニウスは，教育だけじゃなくて政治や宗教の改革も提案しましたが，「機械職人が自分の技術を，哲学者や政治家や神学者の仕事以上にいっそう入念に完成して，多くの人々に提供したのは周知の事実である」（『パンエゲルシア』5章18節）と書いています．論より証拠っていいますが，理屈や建て前にばかりうるさくて何の解決もできず，問題を複雑にするだけの知識人に対して，彼は怒りに近い感情を持っていたんですね．

高：そこで職人さんを見習いなさいと……．

風：そうです．『大教授学』には，思慮深い職人の作業は生産的で必ず成果が出
るから，青少年の形成者である教師は庭師・画工・大工を模倣すべきだ，と書い
ています（16章3，5節）．職人は弟子をすぐに作業にとりかからせるので，理屈
ばかりで困らせるようなことはしない，とも言っています（21章4節）．

高：ほかには説得材料はございますか？

風：コメニウスは職人が模範になると言いましたが，学校と工房の違いについて
も指摘しています．

高：やはりエビデンスをいただいていいでしょうか？

風：それは簡単です．コメニウスは，学校は「人間の工房だ」とは言っていませ
ん．「生きた人間の工房だ」と言っています．『大教授学』の最後の方にある教育
を印刷にたとえた比喩が誤解を招くわけですが，教授学の全集のいちばん最後の
方には「生ける印刷術」という小論があります．

森：「生ける」っていうのは何の訳語ですか？

風：「生き生きした」は英語でヴィヴィッドですが，その語源のラテン語のヴィ
ヴァです．昔，『8時だョ！全員集合』って番組がありましたが，最後の歌の
「ハァ〜あ，ヴィヴァ・ノンノン」ですよ．

森：（ダメだこりゃ）……．高田さん，わかりますか．

高：私，昭和のバラエティー番組って好きなんです（微笑）．

　コメニウスは，庭師が植物を育てたり，大工が家を建てたり，画家が絵を描く
のを参考にして教育を考えるとしても，人間を相手にする教師はもっと大変なん
だ，と言いたかったわけですね．

風：どうもスンズレイしました（恥）．そうです，それは相手が「生きた人間」
だからです．それで，「教育とは技術のなかの技術である」というのです．

森：ありがとうございます．スッキリしなかったんですが，腑に落ちました．

風：ただ，ちょっと言っておきたいことがあります．

高：なんでしょう．

風：印刷っていう言葉に抵抗を感じる人は少なくな
いでしょうけど，教育って人間に変化をもたらそう
とする働きかけです．ビフォーとアフターがまった
く一緒だったら，先生や学校は何をしていたの
か，ってことになりませんか？

高：繊細さは日本が誇る美意識ですけど，ちょっと
行き過ぎているところがあります．人間って，いろ

「印象に残るでしょ」

んな異質な物事と出会って，感化されたり反発したりして常に変わっていくんで
すから．

森：ヴィクトル・ユゴーの小説の『レ・ミゼラブル』がありますね．ジャン・バ
ルジャンは，犯した罪には釣り合いがとれないような不当な扱いを受けて，心が
ネジくれてしまっていて，やっと釈放されたのに，泊めてもらった教会の燭台を
盗んでしまいます．でも，ミリエル司教の慈愛に自分を恥じて，立ち直ろうとし
ますよね．

　これってフィクションですけど，私たちがそこにリアリティを感じるのは，人
間が変わる可能性を認めているからですよ．

風：いい例を出していただきました．わざわざ悪影響を受けて，ビフォーとアフ
ターで別人のようになっちゃって，「何ということでしょう」って言われること
はないでしょう．適度な警戒心を持つことは大事ですが，猜疑心ばかり強いと，
せっかくの変われるチャンスを逃しちゃいます．

　「不良にしてやろう」って関わる親や教師っていないでしょう．根底にあるの
は「成長してほしい」という善意です．それは認めてもらいですね．そうでない
と，教育は最初からつまづいてしまいます．

 ## 天の太陽は最も優れた規律のあり方を教えてくれる

風：昔，英語で学校の先生のことはスクールマスターって呼ばれていました．マ
スターは「親方」ですから，忠実に訳せば「学校親方」です．渋いですね．

高：私は，職人肌の先生って嫌いじゃないです．

森：私もです．ただ，工房のような学校っていうと，工場からイメージされるよ
うな冷たさはないですけど，けっして甘い世界ではないですね．

高：うまいこと言いますね．でも，学校イコール校則イコール不自由っていう等
式がある子にとっては，抵抗感があるでしょうね．

森：そうでしょうね．でも，私は，学校には一定の厳しさは必要だと思うんです．
高校で教えていた時のことですが，職人さんのところにインターンシップに行っ
た生徒が，叱られて帰ってきたんです．初日から遅刻したんですが，「ここは学
校じゃないんだ」って言われたそうです．

風：痛い話です．職人さんからすると，学校は遅刻しても許される甘い世界なわ
けです．職人さんは，契約を受ければ期日を守り，できるだけ良い物に仕上げ，
利益もあがるように考えます．そのためには何でも計画的に進め，無駄を省かな

いといけません．

高：学校にも，一定の規律は必要ということですね．

風：コメニウスの時代には，学校で決闘が行われていた，なんてことが結構あったんです．当時，もっとも学校の設立に熱心だったのは，カトリックの修道会のイエズス会でした．イエズス会の学校が繁栄したのは，学校運営や教育内容についての『学事規則』を定めて，学校への信頼を高めたからです．

森：コメニウスも校則を考えたんですか？

風：コメニウスはポーランドのレシュノで校長を務めて，その後，トランシルヴァニア公国の学校運営を助言しました．そのときに考えた校則が伝えられているんです．

高：どのようにご覧になりますか．

風：生徒が守るべきことが細々と決められていますけど，親や教師や校長や教育行政官が守るべき法も定めています．医者が多いところには病気も多く，法が多いところには違反も多い，という箴言を引いて，規則でがんじがらめにするのは反対だ，って書いています（『良く秩序づけられた学校の法』25章）．

　ここまで配慮しても，校則を考えただけで，もう非民主的で子どもを信じていない，っていう意見もあるかもしれません．でも，ただ自由ならいいっていうのは，想像力が足りないですよ．アメリカでは，21世紀になっても学校で拳銃乱射事件が起きて，若い命が奪われています．学校で拳銃の所持が自由だなんておかしいでしょ．コメニウスは，学校は知恵の学校で戦争の神マースの学校ではないから，武器は書物であって剣ではないって，17世紀に書いていますよ（同11章）．

森：日本でも，自毛証明書を出させるなんていうブラック校則もあるので，そう胸は張れませんけどね．でも，皆が気持ちよく過ごすためのルールは必要ですよ．

　罰についてはどうですか？

風：まず，教師は感情・怒り・憎しみを交えてはいけない，と言っています．そして普段からよく観察して問題があれば叱るべきだが，諭すことや励ますことと合わせて行うように，と注意しています．

　そして，罰が与えられるのは，勉強の出来不出来に対してであってはならず，素直でなかったり怠惰だったりという態度に対してである，と書いています．それでも効果がない時は，拳骨もやむを得ないかもしれないが，罰を与える側の思いや意図が伝わらないと，子どもの心は反感で固まってしまうので逆効果だ，と書いています（『大教授学』第26章3，4，9節）．

高：最終手段とはいっても，やっぱり体罰を認めているじゃないか，って批判す

るのは簡単ですが，この時代においてはずいぶん子どものことを考えていたん
じゃないかと思います．ほかに参考になりそうなポイントはありますか．

風：親には，学校の方針を理解して協力しますという誓約を出すように求めてい
ます．自分の子が風邪をひいて運動会に出られなかったので，運動会をもう一度
やるように校長を脅した親がいた，って話題になりましたけど，親と学校の間で
約束をして，できることとできないことをはっきりさせるのは大事ですね．

教師には，子どもたちの模範になれるように勤勉であることを求めていますが，
それよりも自分自身を卑下しないように，って戒めています．当時は，教師の身
分は必ずしも高くなかったのですが，いやいや働けば教育効果はあがりません．
そんなことも考えていたんですね．感心します．

校長には，子どもの知能の形成者というよりも奨励者や指導者であってほしい，
とも書いています（「良く秩序づけられた学校の法」14，21，22章）．

森：常識的なことかもしれませんが，納得がいきます．

風：『大教授学』には，常に光と熱を発し，空に雲を湧かせて風雨を呼び起こし，
時には雷を落とす太陽が，規律のあり方を考える参考になるとあります（26章8
節）．規律というと，無理の押しつけのように受けとられがちですが，彼は，学
校というのは明るくて張りのある空間でなければいけない，と考えたんです．そ
れを太陽にたとえたんです．それは物理的にも精神的にもです．教室は明るくし
て，教師がよく見えるように，教師の席は窓と向き合う位置にすべきだといいま
す（「良く秩序づけられた学校の法」3章）．校長には，太陽が天をあまねく照らすよ
うに，学校全体を照らしてほしい，と呼びかけています（同，22章）．

だいたい，学校に対する不満は，ルールそのものが不要だっていうのは少数派
で，決めたルールが途中で理由もはっきりしないで変更されたり，例外が認めら
れたりすることに対してです．太陽のように単純明快なルールが実施されれば，
だいたいは受け入れられると思います．お日さま
の下では，いじめは起きにくいでしょう．

高：コメニウスは，いじめについては何か言って
いましたか．

風：トランシルヴァニアの学校で使用するために
書かれた，「良く秩序づけられた学校の法」には，
生徒はみな友だちだから，心を合わせて生活し，
誰も手や舌で傷つけることがあってはならな
い，って書かれています（15章）．暴力や暴言は禁

輝け！校長

止ということです．別のところには，競争してもいいが，けんかや憎悪ではなく勤勉さを模倣せよ，とあります．

森：素晴らしいですね．学習についてはどうですか．

風：やはり，できるようにしようという目的がありますから甘くはないですが，ゲーム感覚でとりくめる工夫も見られます．たとえば，話すときはラテン語でというルールがあるわけですが，ハンガリー語をしゃべっている子をみつけたら，教師はその子に札を渡します．その子はラテン語で話していない別の子を探して札を渡します．それを繰り返して，最後に札をもっていた子には3倍の宿題が課される，なんていうルールも提案されています（同15章）．

森：何にしても，工夫って大切だと思います．それでも，学校の窮屈さへの疑問がなくなることはないでしょうね．甥っ子が尾崎豊の大ファンなんですが，『卒業』は学校の仕組まれた自由を見抜いた名曲だ，って言っていましたね．

風：尾崎豊の先生は，彼ともよく話して中退にならないように関わったんですが，彼は学校をとおして，さらにその外に広がっている社会のあり方に疑問をもっていったんでしょうね．

　そういうことはコメニウスの時代にもありました．デカルトは，イエズス会の名門校に入ったのに疑問ばかりが増え，もう自分の内面か世界という書物からしか学ばないと決意した，って『方法序説』に書いています．彼が通った学校の規律はたしかに厳しかったんですが，身体が弱かったので朝寝を許してもらったという話があります．それなら，そんなに悪く言わなくてもと思うんですが，本当に確実なことは探求するためには学校教育と決別するしかない，と考えたんです．

高：私は，最終的に学校という世界と合わないということはあると思います．でも，その違和感にしたって，学校という世界を体験したから得られるんですよね．

風：私も，高等教育まで義務化する必要はまったくないと思います．でも，学校なんか所詮は虚構の世界で，人間は実際の経験で学べばいい，というのは違うという意見です．フランスの教育学者のオリヴィエ・ルブールは，それは初心者をいきなり路上に出す自動車教習所みたいなもので，バカげている，と言っています．

　　🖙オリヴィエ・ルブール『学ぶとは何か』石堂常世・梅本洋訳（勁草書房，1984）

森：「誰も置き去りにしない」ってことを真剣に考えるなら，いろいろ問題があったとしても，やっぱり学校は必要ですね．学校には，人生をシミュレーションする場としての意義がある，というんです．

高：コメニウスはアイデアマンですから，今だったらICTを駆使したヴァーチャル学校なんか考えて，学校に来ない子たちにも働きかけるでしょう．

風：インターネット授業って本当に大丈夫か，って思いましたが，デメリットもあるけどメリットもありますよ．オンデマンド授業では，学生たちが好きな時間に視聴したり見直したりできます．オンラインは，顔が出るのを嫌がる場合もありますが，リアルの時よりもちゃんととりくむようにも思えました．

森：オンラインで授業を受けた小学生が，久しぶりに登校して，「友だちと会えて嬉しかった」って言っていたのが印象的でした．コロナ禍のおかげで，生きた人間が出会うっていう学校の意義が，再確認されましたよね．

風：『世界図絵』って17世紀のヴァーチャル・リアリティーともいえます．教育って，リアルとヴァーチャルに橋をかける仕事です．コメニウスの想像力を借りて，学校の包摂力を高められたら，って思いますね．

森：じゃあ今日はこの辺で．来週は教師論ですね．

『世界図絵』より「学校」
「学校とは，そこに入った者の魂が
美徳へと形成される工房である．」

教師の資質

──教育者は敬虔で高潔で威厳があり
熱心で勤勉で思慮深くあれ

高：ちょうどチェコの政治体制が変わった頃でしたが，私はもう日本にいて，『いまを生きる』っていう映画を観ました．アメリカの寄宿制の男子校が舞台で，校則がガチガチのなかに赴任してきた，キーティングという名の先生が，生き生きとした教育をしていました．とても印象的でした．

森：その映画が好きだっていう人は多いですよね．自由な教育へのあこがれですね．コメニウスって教師のあるべき姿についてはどう考えていたんでしょう？

風：『パンパイデイア』の第7章4節から引いたんですが，『いまを生きる』から話が始まるとやりにくいですねえ．コメニウスとの距離は大きいですねえ（困）．

高：気乗りしませんか？　でも，大事なテーマですよ．

風：教師をめざす学生たちに「教師の理想像は？」ってきくと，皆，同じような言葉を書いてきます．第1位は「やさしい」，第2位は「個を尊重する」，第3位は「生徒の目線に立つ」でした．

高：いいんじゃないですか．意地悪で個性を無視して上から目線の先生なんて，誰でもイヤですよ．

風：はい……．この回答からは，多くの若者が人間関係について気にしているのが見えてきます．

高：日本人は人間関係を気にするけど，関係はあくまでも部分的でいい，って思っているといわれますよね．

風：私は，「授業が面白い」とか「難しいことでもわかりやすく教えてくれる」とかがランキングのずーっと下の方なのが気になります（中嘆息）．

森：先生は，日本人の関心事が身近な人間関係をうまくやることに集中しすぎて，何かを知るとか，何かができるようになるとかっていう「コトへの関心」が薄れているのは問題だ，って書かれていますね．

風：ありがとうございます．日本人は，もともと人間関係を気にする方だと思いますが，その傾向が極端に強まって，互いに距離を読みあって疲れている間に，仕事のパフォーマンスは下がっている，ってことが多くないですか（暗）．

　この前，教師をめざす学生たちをアメリカに引率していったんですが，受け入

れ先の厚意で向こうの子どもたちに授業をさせてくれたんです…….

高：どうぞ，言っちゃってください．

風：まったく英語の勉強をしてきていないんですよ．最初のあいさつが「アイ・キャント・イングリッシュ」ですからね．後頭部を鈍器で叩かれたような衝撃を受けました．それなのに，研修の振り返りには，自信満々に「言葉が通じなくても人間性でイケる」って書いてありました（赤嘆息）．

森：今の若い子たちは人間性って言葉が好きですよね．

風：その学生が言う人間性の定義に知識や技術は入らないんですかね．私は知性が万能であるとはまったく思いませんが，反知性主義の行き過ぎはまずいですよ．

高：映画から話を始めなければよかったですね．所詮はフィクションですから．

風：いえ，そんなことはありません．映画もテレビも20世紀の産物ですが，学校以上に影響力があります．問題なのは，商業ベースで動いているので，メッセージを伝わりやすくするために，登場人物や場面が極端に誇張されることです．

森：わかります．校長とか教頭は校則を押しつけて平気．そこに型破りな教師が登場．メガネをかけた優等生は冷たく，パーマをかけた不良は実は心優しい．学園ドラマあるあるですね．

　私は高校で教えたことがありますけど，そんなことはまずないですよ．だいたい優等生はやさしいし，非行をする子はやっぱり問題があります．型破りの先生のなかに信念とスキルをもった方もおられますが，書類の期限は守れないし，報告・連絡・相談ができないで周りに迷惑をかけても平気というコマッタさんが多いです．でも，「人間性あふれるよい教師だ」と確信しているみたいな．

風：ありがとうございます．コメニウスの方にそよ風が吹き始めました（笑）．

高：ただ，『大教授学』を読むと，教育の方法についてがメインでで，教師の心がけみたいなことは少ないですね．

風：そこがポイントです．たとえば，不登校の原因はいろいろですが，「授業についていけない」のがやはり大きな理由です．コメニウスの時代の生徒たちの悩みの第一も勉強だったでしょう．

森：だからコメニウスは教育方法について深く考えた，っていうことですか．

高：ということは，コメニウスが考えた理想の教師って，まず授業がうまい教師ですか？

風：そう言っていいでしょう．私はいろんな授業を見せてもらいますが，子どもがわからないままで放置されていることが多いです．わからせようと思って関われば葛藤が生じますね．その時，「優しい先生がいい先生」という心の声が聞こ

えるんでしょうか，中途半端で終わってしまうことがあります．コメニウスが教師に求めたのは「できない子を根絶する」という熱意と力量だったと思います．

高：『いまを生きる』に魅力を感じたのは，小さい頃，まだチェコスロヴァキアといっていた時代でしたが，学校も社会もあまりに不自由だったからです．

森：日本では，初代文部大臣の森有礼（ありのり）の時の師範学校令で，教師には「順良・信愛・威重」の３点が求められましたけど，コメニウスはそういうことは言わなかったんですか．

風：教育には模範が必要で，それを物語からとってくることもあるが，生きた実例が一番であり，ゆえに，教師は選りすぐりで道徳的にも賞賛に値する人物であるべきだ，と書いています（『大教授学』23章15節）．それから，教育の実際については，「子どもたちの魂を脅えさせるようないかめしさがない，親切で丁寧な態度」が重要だ，と言っています（17章16節）．誰をイメージしたのか，「父親のような感情，身振り，言葉づかい」とも書いています（同）．

　　師範学校令のいう順良は権威に媚びるようになり，威重は逆に権威をかさに着るようになったという批判があります．コメニウスが，教師は威張ってはならないと言っているのは重要です．

高：私は，教師はまずちゃんと勉強を教えるのが第一だ，っていうコメニウスのドライな考えに共感します．

森：ところで，コメニウスは教師の自由については，どう考えていたんですか？

風：リベラリストはいやな顔をするでしょうけど，個人の裁量はあまり認めていないんです．

高：それは，コメニウスが教育のモデルを工房や職人さんに求めたことと関係がありますか？

風：素晴らしいパスです（笑）．工房は，ただ仲良く楽しくやっていれば済む世界じゃありません．より高いパフォーマンスを求め続けなければ，すぐに没落します．目標と規律が必要です．それをモデルにした以上，個々の教師が好き勝手にしていい，とは考えなかったのですね．

森：『大教授学』には，子どもの魂が引き裂かれるので，同時に何人もの教師が関わらない方がよい，とありますね（17章8節）．そのとおりにしようとすれば，大規模な学校はダメってことになるので無理がありますけど，私自身，教科担任の間のコミュニケーションがうまくいかなくて，生徒たちが混乱してしまった，という経験もありますので，コメニウスの言おうとすることは分かります．

風：『今を生きる』のキーティング先生が，生徒を机の上に立たせたり，行進し

ながら詩を読ませたりするシーンがあります．それが型破りでよくないってこと
なんでしょうが，コメニウス的には全然OKです（微笑）．

高：コメニウスは，演劇の台本を書いて実際に学校で上演していますものね．頭
だけじゃなく舌と手を使った教育ですね．コメニウス的に問題なのは，それが学
校の方針として一貫していなくて，個人的に行われたということなわけですね．

風：キターって感じです（笑）．聖書に「多くの者が教師になってはならぬ」と
ありますし，日本にも「船頭多くして，船，山に登る」ということわざがありま
す．あまりバラバラだと，何より児童生徒たちが気の毒です．コメニウスは，学
校はひとつのチームとして動くべきだ，と考えていたんですね．

森：「チーム学校」って中央教育審議会の答申にありましたね．学校全体で行進
しながら詩を朗読したら，けっこうにぎやかなことになりそうですけどね（笑）．

風：大学は，社会への入り口ですし，社会はいろんな考え方が対立する場ですか
ら，教師の裁量を認めて，一定の混沌状態を体験させるのもいいと思います．ま
あ，日本では大学が800もできて，全体の質が下がってるのに，教師ごとに言っ
ていることが違いすぎて学生が途方に暮れる，ってことが多いですけどね（嘆息）．
ただ，初等教育であまり教師の自由に任せると，収拾がつかなくなると思います．

 ## 学校は，あらゆる人間社会に開かれ，
明るく照らされねばならない

森：コメニウスは，教育行政は必要だと考えていたんですね．

風：コメニウスは，学問・政治・宗教の改善を提案した『総合的熟議』という作
品を残しましたけれど，その第6部には，学校の監督のために常勤の教育行政官
が任命されて，学校の定期的な視察を行って，改善を推進すべきだ，と書かれて
います（『パンオルトシア』16章5節）．

　同じ第4部の『パンパイデイア』には，児童期の教師は重要なので他の教師よ
りも高い給料で雇われるべきだ，と書かれていますが（10章10節），給与制度とし
ては，最低限の水準を保障したうえでの出来高払い制を提案したりしています
（『パンオルトシア』22章28節）．

森：ただ，学校で起きている問題を上に知らせる隠密みたいなのをおいてもい
い，っていうことも書いてありましたね……．

高：『総合的熟議』は1992年にチェコ語に訳されたんですが，それを読んだ新聞
記者が驚いて，社会主義者がコメニウスのオリジナルを改ざんしたんじゃないか，
と書いたことがあります．

風：よくご存知ですね．コメニウスがそんなことを書いた，って信じたくなかっ
たんでしょうね．ただですねえ．イギリスなどでエリートの養成を担ったパブ
リックスクールなどでは，ずっと後の時代まで，生徒間で起きた問題を教師に密
告することが奨励されていたという事実もあるんです．

　そこには，学校は隠ぺいの起きやすい空間だ，という問題があります．いじめ
に遭った子が勇気を出して訴え出るのは，クラスの仲間を裏切ったことになるで
しょう．しかし，陰でいじめが起きるようなクラスは，そもそもおかしいわけで
す．コメニウスは，学校をいかに明るい空間にできるかを考えたんです（物思い）．

 ## 長いものを短くできるように，作業は簡便にできる

高：コメニウスが多少保守的だったとして，無理に皆に好きになってもらえなく
てもいいじゃないですか（慰）．

風：ありがとうございます．でも，コメニウスが，学校はチームとして機能すべ
きだと力説したのには，教師のためを思った面もあると思うんです．

森：先生のコメニウス愛は深いですね（感心）．お聞きしましょう．

風：では，失礼しまして……．『大教授学』には「簡便に・愉快に・着実に」とい
うモットーが掲げられています．ここに引いたのは第19章1節からです．この
「簡便に」は，生徒のためであると同時に教師のためにもなる，と思うんですよ．

森：教師の説明がまだるっこしいと，子どもたちはすぐに興味をなくしますね．
でも，説明が丁寧でも時間どおりに終わらないと，それはそれで嫌がるんです．
要領よく簡潔に進めるっていうのは大事ですね．

高：教師のためにもなるっていうのは，とくに日本の現実を考えるとリアルです
ね．教師の仕事はブラックだ，って言われていますね．忙しすぎますよ．

森：私は，教育は最も大事な仕事なので，適当じゃダメで，一生懸命であるべき
だ，って思います．でも，いつの間にか異常に忙しくなりましたよね．

風：「子どもに寄り添うべきだ」と求められて，誰もそれを否定できないでしょ
う．しかし，虐待やネグレクトをして平気なような親で，学校に無茶な要求をす
る者がいます．教育がいかに尊い仕事であるとしても，「コストや効率性を考え
るなどもってのほか」なんて言えるでしょうか．仕事は雇用契約で成り立ってい
るし，教師にも家族やプライベートはあるんですから（怒）．

高：おっしゃりたいことがわかってきました．コメニウスには，教師が際限なく
忙しくなるのから守ろうという発想があるんじゃないか，ってことですね．

森：たしかに，今の教師は親や友人やカウンセラーやメンターやファシリテーターのような役割まで求められて，仕事の範囲が際限なく広がっていますね．さらに，生涯学習社会だから，日曜には校区内の地域行事に参加して奉仕しましょう，なんて言う教育長がいます．マルナゲドンですね（苦笑）．

風：上に立つ者が模範を示しているんなら，まだいいですけどね．それにしたってボランティアは自由意志です．教師のフィジカルとメンタルに配慮するのだって，教育行政の仕事ですよ．

高：教師はまずしっかり教えるのが仕事だ，ということですね．そして，教え方を効率化できれば，教師にも生徒にもウィンウィンだというんですね．

風：また，別のところで話題になるでしょうが，教師は一生懸命教えるべきだ，ってコメニウスは考えてますが，目に見えない子どもの内面に入り込んでどこまでも配慮しなけりゃいけない，とは言っていません．まずは，「簡便に・愉快に・着実に」伝えることが大事だ，というスタンスです．

高：でも，教育行政の必要性が，まだどうもピンときませんが……．

森：上からチェックされる，というのはどうしても抵抗があるものですが，高校にいた経験からすると，悪いとばかりは言えません．教育長が来る，ということにでもなれば，教員の間の仲が悪くても，その時だけ団結して，チーム学校になったりします（苦笑）．掃除するだけでも意味がありますよ（笑）．

　研究授業なんか緊張します．でも，しっかりとりくむと，そのあとの授業が少し改善できているのを実感するものです．第三者の目というのは，見当違いなこともありますけど，思ってもみなかったアドバイスをもらえることがあります．

風：それに，行政側が問題を的確に把握できれば，予算がついたり大きな効率化が実現できたりする可能性もあります．ちなみに，コメニウスは，教育行政官は必要だが，敬虔で威厳があり思慮深く寛大な人物が選ばれないといけない，と書いています（『パンパイデイア』5章29節）．問題のある場合は交代させるべきだ，とも言ってます．教育行政の問題が政治の対立と結びつけられすぎた，という不幸な歴史がありますが，自由と統制ってそれほどきれいに分けられないでしょう．

 ## 牧師や政治家のような人，いや，それ以上の人が必要だ

高：先生のディフェンス，なかなかでした（微笑）．でも，今回の最初に出されたコメニウスの言葉って，授業をちゃんとできればいい，っていうレベルをはるかに超えているんじゃないでしょうか？

風：これは『パンパイデイア』の一節で，20世紀まで日の目を見なかった言葉です（7章7節）．コメニウスには，教師への実際的な助言と彼自身の理想があって，こっちが理想だと思います．

森：コメニウスは，ヨーロッパの王国や都市から教育改革の助言を求められていたんでしたね．そこでの要求は，おもにラテン語の学習などの知育の改善だったわけですね．

高：それに，実際の教師たちをあまり評価していなかったんでしたよね．

風：これは，教育とは何か，という問題につながります．教育とは人間を何らかの善い方向に変化させようとする働きかけですが，その変化とは何か，っていう問題があります．

森：知識や技術を身につけるのだって，ビフォーとアフターで違いが出ますから，変化であることには違いないですが，コメニウスは，学識だけじゃなくて道徳性や敬虔さを身につけることまで課題にしていましたね．

風：「徳は教えられるか」って，古代ギリシアのソクラテス以来の大問題です．プラトンは，『国家』という本で，教育は「魂の向け変え」である，と考えましたが，それがいかに困難であるかを論じています．

森：そういう深い意味での変化を人間にもたらす存在が教師であるなら，敬虔・高潔・威厳・熱心・勤勉・思慮が必要だ，というんですね．たしかに，この6つを備えている先生がいたら，とは思います．でも，そんな人はそうはいないと思うし，すべての先生にそんな高望みをするべきではないとも思います．

高：私はちょっとシニカルかもしれませんが，そんな先生がいても，人間は皆違うので，全員が望ましい方向に変化することはない，と思います．

風：私もそう思います．コメニウスが，まず，ちゃんと教えられることを教師に求めて助力したことも間違っていない，と思います．でも，教育ってそれでいい，とは言い切れないですよね．19世紀のドイツで，教育学を学問として体系化したヨハン・ヘルバルトがいますが，彼も，いくら知識や技術を教授できても，その人間が善くなるということに無関心なのでは教育ではない，と言っています．

　　📖ヨハン・ヘルバルト『一般教育学』三枝孝弘訳（明治図書出版，1960）

　そして，実際に，「あの先生のおかげで今の私がある」と言える人が少なからずいるんじゃないでしょうか．その先生たちには，コメニウスがあげているうちの何かを見出せるようにも思えます．

高：指揮者の小澤征爾さんは，チェコが民主化した時にプラハでコンサートをしてくださったんですが，その師匠の斎藤秀雄さんのことをテレビで見たことがあ

ります．教え子が練習に遅刻するなんて絶対に許さなかったし，練習不足でちゃんと弾けないと，癇癪を起してチェロの弓を折ったり，眼鏡を床にたたきつけて粉々にしたりだったとか……．でも，むき出しの情熱で多くの弟子が育ち，その音楽は技術が一流なだけじゃなく，多くの人を惹きつける魅力がありますね．

森：私も，斎藤秀雄さんの伝記を読みました．彼は末期がんで絶対安静だったのに，海外での演奏旅行のために軽井沢で合宿していた学生たちのところに来てしまうんですね．皆，斎藤先生の指揮で泣きながら演奏したというシーンがあります．曲は楽しいはずのモーツァルトのディベルティメントだったんですね……．

　　◈中丸美繪『嬉遊曲，鳴りやまず──斎藤秀雄の生涯』(新潮社〔新潮文庫〕，2002)

風：私も，その話を学生にします．この場合，斎藤秀雄さんが誰に言われるわけでもなく音楽と教育のために生命を捧げた，ということに意味があります．

　これは，職人気質の教師が単に技術を超えた意味での教育をされた，という実例です．私はコメニウスがあげた6つの資質のようなことは，人間同士が何か共通の課題にとりくんで，それを最高度に高めようとしていく中で，何かのきっかけで現われて，それによってお互いが浄化されるんじゃないか思います．そういうことはスポーツとか芸術では比較的よく見られるんですが，学校とか授業っていう話になった途端に顔が曇る人が多いのは困ったことですね．

高：なぜでしょうか？

風：コメニウスは学校のモデルを工房に求めたわけですけど，スポーツとか芸術って，まさに工房的な世界ですよ．技術の模範を示せる先達がいて，その先達への尊敬が自然にあって，達成すべき目標とそこに至る手段や方法があるでしょ．きついかもしれないけど明快なんですよ．だから結果も出ます．スポーツや芸術のお習い事は，工房的な教育が生きているサンクチュアリなんじゃないか，って思います．

高：学校の教師は何かしようとするといろんなところからクレームが来て，何をどうしていいかわからなくなってますよね．

森：公立学校の教員は「公の奉仕者」ですから，取り組みの妥当性について説明する責任はあると思います．でも，親からも行政からも子どもから好きなことを言われたら，そりゃあまいっちゃいますよ．

風：好き勝手なリクエストに応えて，事を荒立てないことだけを優先させていった結果，孫悟空が5人とか天女が7人とかの学習発表会が出来上がるわけですよ．

高：あれは日本文化の7不思議にランクインですね．チェコではあり得ません．物語の改ざんじゃないですか．日本の学校には，よいドラマってないんですか？

森：先生は，作家の灰谷健次郎さんのエピソードを紹介しておられましたね.

風：灰谷健次郎が小学校教師だった時のことですが，放課後に目を泣きはらした親子がやってきます. 小学校３年の女児が万引きをしてしまい，母はそれを許すことができなかったのです. 灰谷は，女児に自分の心を見つめて正直に書くように勧め，放課後の教室で向き合います. 女児は１行書いては泣き，灰谷も葛藤を抱えながらつらい時間を共有しました. その結果，深く内面を見つめた『チューインガム一つ』という詩が書かれ，女児は立ち直ることができたんですね.

「分身の術？」

📖灰谷健次郎『子どもに教わったこと』(角川書店〔角川文庫〕, 2000)

森：もし灰谷さんが，「勤務時間外です」とか「明日までに反省文を書いてきなさい」なんていう対応をしていたら，詩は生まれなかったし，その子のその後も違ったことになったでしょうね.

高：でも，それは人から言われてすることでも，できることでもないですね.

風：昔，教師は聖職であると言われました. その後は，教師だって労働者であると主張され，ILO（国際労働機関）の勧告が出てからは専門職だ，ということになっています. 聖職だと言われていた時代，教師には「聖職だから」ということを理由に無茶な要求が課せられました. それが繰り返されるべきではありません. しかし，どんな分野でも，一流の仕事をする人は，リスクを恐れずにその仕事に命を捧げ，その仕事を神聖といえるようなレベルにまで引き上げています.

森：国でも会社でも無理や犠牲を強いるのは間違っていると思います. でも，何か頼まれそうになると「それって私の仕事ですか」じゃあ，仕事をとおした成長はないですよね.

高：「もらえる分まではしたと思います」くらいまでなら，まだ我慢できますが，「できるだけ楽をして，もらえるものはちゃっかり」というのがミエミエだと許せませんね.

風：仕事って英語ではレイバーで，「苦労」を意味しますね. 面倒なことの方が多いわけですが，気合いを入れてとりくんで，「我が生涯に，一片の悔いなし！！！」って言ってみたいですね（笑）.

V 教育の内容

——人間を賢くかつ幸せにすることができるように，あらゆる事柄が教えられる

高：今回は，「あらゆることを教える」がテーマですね（『パンパイデイア』3章48節）．勉強が好きじゃない子は速攻拒否ですかね．

森：『大教授学』を読みましたけど，過密カリキュラムじゃありませんか？

　学識を身につけるために言語が必要なのはわかります．コメニウスは，まだ，ラテン語中心だった時代に，まず母語を学ぶことだ，と強調したんですよね．でも，やはりラテン語も重要だと考えていましたし，隣国の言語も学んだ方がよく，哲学者や医学者はギリシア語とアラビア語，神学者はギリシア語とヘブライ語を学ぶべきだ，と言っていますね．

　コメニウスの『開かれた言語の扉』という教科書は，日常で用いられる8000の単語を1000の文章にして大変な評判になったそうですね．それでも長すぎるという声にこたえて，『前庭』という短い教科書を作ったというのは偉いと思います．それにしても，『前庭』から『扉』に進んで，さらに上級の教科書をマスターして，最後には古代ローマの著作を読むというのは大変だと思います．

　そして，『大教授学』には，24歳までがあつかわれてますけど，言語とともに自由学芸の全範囲って「ウーン」と思ってしまいます．自由学芸って，文法・修辞学・論理学と算術・幾何・天文学・音楽の三学四科ですよね．そして，全員が大学まで行かなければならないとは考えていなかったにしても，神学・医学・哲学・法学があがっています．そのほかにも，形而上学・自然学・光学・地理学・歴史・工作・家政学・政治学・倫理学なんていう言葉も見えます．そして，これは学識だけで，その他に道徳性と敬虔さを身につけるための学習もあるわけですよね．

　思わずしゃべりすぎてしまいました．「あらゆることを」って無理があるんじゃないでしょうか．

風：いや，おっしゃることはよくわかります（ドン引き）．私も，現在にそのまま当てはめられるとは思っていません．でも，コメニウスになりかわって弁解してもいいですか．長くなりますけど……．

高：ぜひお願いします．ちょっとすっきりしないので……．

風：まず，コメニウスの時代までの教育の伝統と比べてみないと不公平です．ヨーロッパの自由学芸に対して，中国にも四書五経があって，かつては膨大な書物を暗記することが学習でした．中国では科挙に合格できれば出世の道が開かれたわけですが，官僚はとにかく博学であることが求められたんですね．コメニウスがあげた学習内容が当時の水準からして異常に多いわけではないんです．

パンソフィア学校の学年と時間割

学　年	宗　教	主要課題		四　科	歴　史	演　習	付加的課題 遊戯・演劇
	6時	理　論 7時半	実　践 9時	13時	14時半	16時	
神　学	讃美歌，聖詩，祈祷文，聖書の要文	『知恵の宮殿』4（神と魂の交わり）		聖数，神秘数，年代記	教会を中心とした一般史	弁論術	ヘブライ語 アブラハムとダビデを題材にした劇
政治学	段階にふさわしい内容	『知恵の宮殿』3（人間の交際）		幾何学，建築術，地理・天文	典礼史	ギリシア語著作	ギリシア語学習，地上の虚しさに関する悲劇
論理学	讃美歌，聖書の手引き，ギリシア語新約	『知恵の宮殿』2（パンソフィアの関連部分）		虚数・体積，地理・天文・光学	技術史	古典著作による文体練習	ギリシア語学習，学習内容に即した劇
哲　学	讃美歌，新約の概要	『知恵の宮殿』1（自然学関係）		三角法，比例，力学，器楽	自然史	古典著作による文体練習	ディオゲネス・キニク
三　学	讃美歌，聖詩，聖書の要約	『広間』		乗除法，立体，合唱	宗教史上の事績	文体練習上級	『遊戯学校』
三　学	教理問答書	『開かれた言語の扉』		加減法，平面，階名唱法	『扉』を利用	文体練習中級	『扉』による問答，遊戯
三　学	教理問答書	『言語の前庭』		算術基礎，点と線，音階	『前庭』を利用	文体練習初級	『前庭』による問答，遊戯

授業日：月・火・木・金，授業は各1時間，週30時間，年間1260時間
休暇：日，水・土（私用やレクリエーション），生誕祭，復活祭，降臨祭，ブドウ収穫期（1か月）

高：ほかにありますか．

風：コメニウスとしても，当時の社会のニーズは無視できなかったでしょう．役人たちはラテン語で文書を作成できる必要がありましたから，コメニウスは少しでも学習負担を軽減しようと工夫したんです．『開かれた言語の扉』は大評判をとったんですが，それをマネた本がたくさん出ました．それらの本に子どもの学習に不必要な語が入っている，というので，コメニウスは相当怒っています．

　コメニウスの置かれていた状況も無視できません．亡命者のリーダーとして仲

間を支えるためには，パトロンから援助を得ることが必要でした．

高：ほかにありますか？

風：コメニウスも，内容が多ければ，それだけの時間が必要だ，と思っていました．教授学の全集には３年制のラテン語学校について書かれています．コメニウスは，トランシルヴァニア公国で学校教育を指導した時，最初は７年制の学校を考えました．『パンソフィア学校の輪郭』という著作では，時間割やカリキュラムが検討されています．ご参考までにと思って，表にしてみました．各学年の主要課題で用いられる教科書はひとつに厳選されています．煮詰まってない部分もありますけど，かなり考えていると思いますよ．

森：なるほど，授業は週４日で，お祈りを入れて１日６時間で考えたんですね．朝が早いと思う人がいるでしょうけど，ヨーロッパは朝早いんですよね．

高：そうです．暗いうちから働いて，夕方には終わるんです．大学では８時から始まるクラスもあります．

風：これをちょっと見ただけで，詰め込みだ，って決めつける学生がいるかもしれません．

　授業アンケートって，学生が自分を消費者と勘違いさせる面があるって危惧してますけど，授業の満足度についての自由記述なんかで，笑い話があります．

高：あまり笑えない時がありますが，どうぞ……．

風：㊃ 日本では，１時限目はだいたい９時からですが，「１限は眠い，５限は暗い，３限はお昼を食べたばかりで眠い」って記述があった，という話です．

森：そういう感覚で短絡的に見れば，何でもキツいってことになりますね．

風：この学校の卒業は16歳から18歳が想定されてますから，日本でいえば中学と高校にあたります．日本の中学校の標準授業時数は年間1015時間ですから，たしかに２割強多いですが，絶望的なほどではないと思います．

　トランシルヴァニアの学校は，貴腐ワインで有名なトカイに近かったんですが，ブドウの収穫のための休暇なんかも，ちゃんと考えられています．

高：それで，この学校はうまくいったんですか．

風：いえ．コメニウスは意欲満々だったんですが，３年制にしてくれ，と言われて，しぶしぶ受け入れたんです（「知恵の箕」63節）．言語・青年・学校には民族による独特の風習や習慣があるものだ，とも書いています（「教授学の補遺」5節）．

森：何でもしたい通りにできたわけじゃないんですね．

風：教授学の全集に計画の一部始終が掲載されてますが，かなり未練があったんでしょう．たしかに，『大教授学』は過密なカリキュラムに見えますけど，のち

のちずいぶん考えたようです．『パンパイデイア』では，「人間を賢くかつ幸せにすることができる」ように，内容の精選が考えられています（1章12節）．

　学識に関しては，「第1は文字である．世界中のあらゆる人が読んで書くことを教えてもらわねばならない」と書いています．非識字の根絶は，世界的に見れば現在でも重要な課題ですね．

森：甥っ子がボランティアでカンボジアに行ったんですが，ポル・ポト政権が1970年代に知識階級を虐殺したのが，どんなに大きな影響があったかを知って，とても驚いていました．民主化されて選挙が行われるようになった時，識字率が下がっていて新聞なんか読めない人があまりにも多すぎて，各国から送られたラジオで政見放送を聴いて，それで投票したっていうんですね．

風：字が読めて当たり前のように思われていますけど，とても大事です．コメニウスは文字の書き方や数的感覚を育てるための工夫なんかも考察しています．『パンパイデイア』には，書き方の練習帳みたいな付録がついていますよ．

　🖂太田光一「コメニウスのパンパイデイア再読」その4（『会津大学文化研究センター研究年報』第21号，2015）

　書き方の練習は大事ですよ．OCR（光学的文字認識）にかけられそうなくらい上手に書く学生がいるかと思えば，教育史のレポートを読んでいて，「モソソソ」って誰のことかと思ったら「モリソン」だったっていうことがありました．カタカナの「ソ」と「リ」と「ン」が判別不能でした（嘆）．

森：（軽くスルー）道徳性については，プラトンの学園で学んだ子が家に帰ったら，父親が大声で笑うのを見て不快に思った，という話が引かれていて，おかしかったです．たしかに，家庭や地域社会では当たり前で通用していることでも，イマイチ品がなかったりすることって，ありますよね．コメニウスは，公的な場である学校には，人間の行動を洗練させる可能性があると見ていたんですね．

風：前に「学びからの逃避」が話題になりましたが，私は「あらゆることを」っていうコメニウスの主張が頭から否定されるのも，すっきりしないんです．

森：最初に言いすぎてしまって，ご

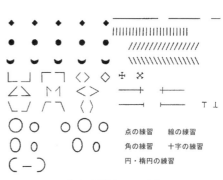

点の練習　　線の練習
角の練習　　十字の練習
円・楕円の練習

書き方練習のお手本
（『パンパイデイア』の付録）

機嫌を損ねてしまいましたか？

風：いえいえ．私が問題に思うのは，「学びだけが人生じゃない」とか，「インターネットの検索エンジンでググればいいんだから知識なんかいらない」という雰囲気です．詰め込みイコール悪っていう等式を誰も疑いません．

高：詰め込みっていう言葉は，あまり好きじゃありません．でも，何も詰め込まなくていい，ってことになったら，たしかに困りますよね．

風：困るどころじゃありません．人間はどんなことを考えるときも言語を使っています．だから，何も詰め込まなかったら，困ることすらもできません．

森：どんな仕方がよいかは議論があるとしても，詰め込みゼロの教育ってありえないってことですね．

風：そうです．おそらく詰め込み教育に問題があるとすれば，時間と労力とお金もかけて「詰め込まれた」はずなのに，必要な時にさっぱり出てこないとか使えない，ってことじゃないでしょうか．

高：英語なんか本当にそうですよね．日本人は大学まで行けば10年以上勉強しているはずなのに，道がわからなくて困っている外国人がいても，目をそらしたり不自然なソーシャルディスタンスをとったりして逃げる日本人の何と多いことか．今こそ，すべての日本人に問います（笑）．

森：すべての日本人と英語教師に，ですね（笑）．

　ところで，私がまだお聞きしたいことがあるんですが．コメニウスは「あらゆることを」って言ってますが，教育にふさわしくないことだってありますよね．

 知って害になることは，何も学ばないように
教えなければならない

風：それは，コメニウスが保守的だ，と見られる論点のひとつです．『大教授学』では，1章をまるごとあてて，非キリスト教的な著作はあつかうべきでない，と書かれています（25章）．クリスチャンでも，この主張に賛成という人は少ないでしょうね．

高：第二次世界大戦後のチェコスロヴァキアでは，言論の自由が制限されていました．本でも映画でも検閲がありました．1968年の「プラハの春」の時に見直されたのですが，その改革が抑えこまれた後は，「正常化」の名のもとに，さらに厳しい統制がしかれました．言論の自由が保障されないと，一時的には社会が安定するように思われても，すぐに沈滞していきます．

森：『パンパイデイア』には，書物の出版や流通を管理する「光の学術会議」と

いう団体を設けることが，提案されていますね（6章18節）.

高：そこは，民主化後にそのチェコ語訳が出た時，やはり驚きを呼び起こしたところです．言論統制が行われていた間，危険を冒して地下出版をした人々がいました．支配者たちからすれば，地下出版って犯罪ですけど，そういう人たちの活動があって，民主化が成し遂げられた面もあります.

風：コメニウスは，公正な言論を世界的に実現しよう，って書いていますが，その一方で，敵対する教会や君主の没落を予言するパンフレットを広めてます．彼らのせいで祖国に帰れなくなった怒りはわかりますけど，それは言行の不一致じゃないか，っていうツッコミは，できますよね.

高：もしコメニウスにインタビューしたら，どんな答えが返ってくるでしょう？

風：私も尋ねてみたいです．ただ，国でも企業でも，あまりに独裁的で異議申し立てが難しい場合，抑圧された側の抵抗の手段って何があるんだろう，って思います．都合が悪い情報が拡散されれば，国や企業の矛盾が気づかれるきっかけになるかもしれません．チェコの民主化は生きた実例ですよね.

森：言論の統制とか検閲は，戦前の日本にもあったし，戦後にも教科書検定をめぐる裁判もありましたから，デリケートな問題ですね.

風：教育においては，何でも教えればいい，ってことにはならないですよね．太宰治は偉大な文学者で，『走れメロス』は，ほとんどの教科書に載っていますが，『人間失格』も載せよう，ってことにはならないでしょう．どぎつい性的な描写やもう使われていない漢字を，そのまま載せるわけにもいかないでしょう．国が教育に責任を持つ以上，ある程度は教育内容をチェックせざるを得ないでしょう.

　教科書にも，時々わかりにくい表現がありますが，まだいいのは皮肉なことに検定のおかげです．一般書なんか眉唾なことが平気で書いてあるし，事典類でも構成がいい加減だったりチェックが不十分だったりしますよ（暗）.

高：日本では，憲法で言論の自由が保障されてますので，ご遠慮なくどうぞ.

風：学生が，フィンランドの教育について卒論を書きたい，ってゼミで報告したんですが，「フィンランドの子どもは感性が6割で知性が4割だ」っていうんです．「何を根拠にそんなことがいえるの」ってきいたら，調べた本に本当にそう書いてありました．そして，あとがきを読んだら，著者はフィンランドには行ったことはない，って書いてありました（茫然）.

森：いわゆる「トンでも本」ですね．……まだ，何かおっしゃりたそうですね.

風：ゼミ生が研究室で使えるようにと思って，事典を買ったんです．コメニウスの項目があったので読んでみたら，「そうはいえないだろう」ってことが結構書

「神は細部に宿る！」

いてあったんですが，根拠が書かれていません．紹介してある参考文献も絶版のものばかりで，コメニウスのファーストネームの原語表記が，ヤン（Jan）とヨハン（Johan）とヨハネス（Johannes）が混在していました．極め付きは，『開かれた言語の扉』の「扉」が「扇」になってました．

📧ヤンはチェコ語，ヨハンはドイツ語，ヨハネスはラテン語の表記．ちなみに，英語ではジョン，フランス語ではジャン．ハングル語ではユン……なわけはない．

森：扉と扇じゃ形は似ているけど，全然違いますよね．私は出版の世界にいましたから，他人事じゃありません．お粗末な話ですね．

風：教育内容ってことに話を戻すと，教育って，ある程度受けたあとでないとそれについて言えないものです．どんなにリベラルな親でも，生まれてきた子どもに自分たちの母語を教える了解はとれないでしょう．「博多弁でよかと？」とか．教育内容は，ある程度は先に生まれた世代が決めざるを得ません．できるだけ納得がいく決め方を考えるしかないです．ですから，内容の吟味は不可欠です．

森：コメニウスも，非キリスト教の著作のすべてがダメ，とは言っていませんよね．セネカやエピクテトスやプラトンなら，宗教的情操を養った後には教えてもいいのではないか，と言っていますね．

風：前にコメニウスが，世界は光の現われだと見ていた，っていう話をしました．同じ光でも，人によって受けとめ方は違います．感性も価値観も人それぞれだし，TPOによっても変わりますからね．でも，そもそもスタートで与えられる情報に問題があれば，話は伝言ゲームのズレどころじゃなくなります．

　最近，教育の方法の工夫が盛んに言われる一方で，「何が教えられるべきなのか」ってことが曖昧になっています．批判は簡単ですが，コメニウスが教育内容にこだわったことから学べることは少なくないです．

高：社会全体の問題としてはどうでしょう．光の学術会議っていうコメニウスの提案には，違和感をもつ人が多いでしょう．

風：とくに，16世紀の宗教改革のあと，活版印刷術が普及したこともあって，デマのようなパンフレットが出回って，社会は大混乱したんですね．それを無視できなかったんでしょう．そして，コメニウスは社会的にはマイノリティだったわけですけど，公正な言論のルールが確立されるべきだ，と考えたんでしょうね．

高：アメリカのウォーターゲート事件とか日本のロッキード事件とかは，マスコ

ミが政治の腐敗をチェックするのに大きな役割を果たしました．でも，週刊誌や
テレビのワイドショーなんか，根拠が明確でない情報が多すぎます．それなのに，
言論の自由ってことでニュースソースを明かさない権利まで認められているのは，
正直，すっきりしないですね．

森：インターネット社会になって，誰でも情報を発信できるようになっています．
独裁政権やブラック企業が隠している情報が暴かれるようなプラス面もあります
けど，匿名であることをいいことに，あることないことをまき散らして，それで
傷ついた人が死に追いやられることもありましたね．

高：SNSを動かしている企業は，もう国家をしのぐ力を持っています．企業はど
うしても利潤を追求しますから，人権の保護がなおざりにされますね．

風：コメニウスのいう光の学術会議は，現代のユネスコのような国際機関を先取
りしたものです．前に話に出た国連のSDGsは意欲的な目標ですけど，メディア
やネット社会のあり方も，もっと考えられていいだろう，って思いますよ．

高：何かご提案はございますか？

風：息子の受験勉強の小論文の練習につきあって，妄想話で盛りあがりました．

森：どうぞ，ご遠慮なく．

風：ビッグデータの分析とAIの活用で何かできるんじゃないか，という話です．
　ネットでの誹謗中傷って，言葉で行われるわけですよね．とくに，特定のボ
キャブラリーが炎上の原因になってます．それで，まず，中立的な審議会なんか
を立ち上げて，ボキャブラリーのリストを作成して公開します．もちろん，ボ
キャブラリーは変わっていくので定期的に更新します．
　次にSNSのアプリに手を加えます．根拠もない情報や誹謗中傷的なボキャブラ
リーを使ってSNSにアップしようとしたら，AIが解析して，「情報が不確かで
す」とか「名誉棄損になるおそれがあります」とか，警告を出すわけです．

森：それでアップできなくするわけですか？

風：そこはいろんな選択肢があるでしょう．最初からブロックしてしまうのは言
論の自由っていう点では議論になるでしょうからね．アップできるようにはして
おいて，それで人権侵害になれば処罰をきちんとするとか，警告無視を繰り返す
ユーザーのアカウントは自動的に閉鎖するとか，技術的にはいろいろ工夫できる
んじゃないか．……なんて話で盛り上がったんです．

森：面白いじゃないですか．光の学術会議で採択されるかも（微笑）．逆のインセ
ンティブもつけたらどうでしょう．クラウドファンディングで賞金を集めておい
て，根拠が確かで皆に役立ったり心を和ませるアップをした人には，賞金が出る

ようにするとか……．

風：森さんもけっこうノりますね．

高：でも，どこかの国のトップのアカウントが最初に閉鎖されたりして（苦笑）．

 ## 人間の本性は，あらゆる面で開発されるように求めている

森：『大教授学』では，「社会では必要だから」とか「神様の定めだから」，っていうニュアンスが感じられるんですけど，『パンパイデイア』では，人間には本性としての願望があるんだから，それを満足させるようなことが教育されるべきだ，っていう話になっていますね（3章12節）．

　人間には12の生得的な願望が認められるので，それに対応して教育も12になるんだ，って書かれていますけど（3章11節），これってアメリカの心理学者のアブラハム・マズローの欲求段階説と似ていませんか．

高：森さんのコメニウス的な関連づけが出ましたね．

風：いや，実に面白い視点です（嫉妬）．コメニウスがいう願望はラテン語でデシデリウム，マズローがいう欲求はニードですが，意味は遠くありません．

高：読んでみましょう．

「1．存在すること，つまり生きること．
　2．しっかりと存在すること，つまり健康であること．
　3．感じ取ること，つまり自分の周りにあるものを知ること．
　4．輝く存在でいること，つまり知ったものを理解すること．
　5．自由であること，つまり理解した良い事を欲求し選択し，悪い事を欲せず拒否すること，そして与えられたすべての事を自分の裁量で管理すること．
　6．活動的であること，つまり理解し選択した事が無駄な理解や選択にならないように努力すること．
　7．多くのものを持ち，所有すること．
　8．持っているものすべてを，使用し役立て楽しむこと．もちろん安全に．
　9．卓越し，名誉ある存在であること．
　10．できる限り雄弁であること．自分の知識と意志を他人に容易に力強く伝達するために．
　11．他人から賛同と好意を得ること．それも嫉妬深い人からではなく感謝する人から．さらに平穏で楽しく安心な生活のために．
　12．最後に，慈悲深い神と共にいること．内面の歓喜と，神において幸福で安全であるために．」

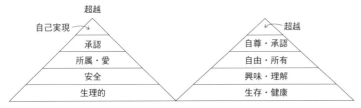

マズローの欲求の階層とコメニウスの願望

　私にはピンとこないものもありますけど，人間の欲求にのっとって考える，というのは賛成します．

風：せっかくですから，マズローと関連づけてみましょう．

　１は生存の願望，２もそれに関連した健康への願望ですね．これは，マズローのいう５段階の根底にある生理的欲求に対応するでしょうか．３は興味と言い換えられそうですし，４は物事を理解したいという願望ですね．そこで気がつくんですが，マズローは知的欲求を階層のうちに位置づけていませんけど，コメニウスは非常に重視しています．あえていえば，知的欲求はマズローのいう自己実現欲求と関連するかもしれませんが……．

高：５番目は自由の願望，６番目は行動の願望といえるでしょうね．７番目は所有の願望で，８番目はそれを利用したいという願望ですね．

風：５番と６番は広い意味で自由権に関連するでしょうし，７番と８番は所有権に関連しますが，自由権というのは財産を侵害されたりしない権利ですから，これらはひとつにくくれるでしょう．マズローでは安全の欲求に対応しますかね．

森：９番目，10番目，11番目は，自尊感情や承認と関係していますね．10の雄弁というのも相手に認められたいと思って生じる願望ですね．マズローのチャートとの関係でいうと，どういえるでしょうか．

風：コメニウスは，人間をとりまく関係を，動物等との関係，人間同士の関係，神との関係に分けています．９番，10番，11番は人間どうしの関係ですよね．そう考えると，マズローが所属と愛の欲求と承認欲求に分けたのを，コメニウスはひとまとめにしているといえそうですね．

高：12番目は，クリスチャンのコメニウスらしいですね．

風：でも，マズローも，５段階とは別に超越的な自己実現の欲求を認めていますよ．そこからすると12番目は超越の願望と呼べるかもしれません．

必須でないことを学べば，必須のことを知らぬことになる

森：こうしてみると，若い頃と晩年とでは，「何を学ぶべきか」についてコメニウスの考えは変わってるんですね．

風：『パンパイデイア』では，コメニウスが考えたパンソフィア（汎知学）を学校で教えることを考えています．それに，『大教授学』では学識と道徳性と敬虔が別々にあつかわれていたのが，『パンパイデイア』では一体化されています．

高：晩年になって，円熟とか悟りみたいな境地になったんでしょうか．この言葉は『必須の一事』からですね（5章23節）．学生時代に読みました．

風：コメニウスは，著名な教育者として各地から招かれました．チェコの独立を回復するために政治的な活動もしました．60代半ば，滞在していたポーランドの街が戦火に巻き込まれてオランダに避難しますが，家も財産も床下に埋めておいた膨大な原稿も火事で失ってしまいます．

高：『必須の一事』は，「自分はたくさんのことを学んでいろんな経験をしたけど，本当に大切なものは何か」って考えた作品でしたね．

森：晩年のコメニウスが改めて教育について考えた時，人生の回想が影響して，盛りだくさんだった教育内容がぐっと絞り込まれた，ということですか．

風：最初の方でお話ししましたが，コメニウスの結論は，必須なのは「世界・精神・聖書」からなる「神の三書」だ，ってことでした．

　でも，それらにしたって，すべて覚えなきゃダメってことじゃないでしょう．ソクラテスは「無知の知」と言い，コメニウスも尊敬していた中世の神学者のニコラウス・クザーヌスも「学識ある無知」と言っています．単なる博識や経験の蓄積じゃなくて，そこから抜け出すことが本物の学びだ，という考えがありますが，コメニウスもそれに近い考えに至ったんだと思います．

　ただ，そういう境地に至れたのは，それまでの学習や経験があってのことでしょう．悟ったような顔をして，「すべては運命」とか「出たとこ勝負」とかいう人がいますが，そこそこお金と時間がある人が安全地帯から発言しているのはあまり参考にならないと思います．

森：何でこんなことをしなきゃいけないんだ，って思ったことでも，頑張ってやってみたら，後で生きてくることってありますよね．

風：学ぶことって，それ自体に十分な意味があるわけですからね．

高：ところで，コメニウスが人間にとって必須だって考えた神の三書は，パンソ

フィアとしてまとめられたわけですけど，それって一種のメルヘンじゃないか，っていうきびしい評価もあるそうですね.

風：イギリスのトマス・モアの小説に『ユートピア』がありますが，あれだって妄想の産物ですよ. 今からするとあり得ないようなことがたくさん書かれています. でも，たびたび引き合いに出されてきました. カントの『永遠平和のために』という論文は，現在の国連のような機関を先取りしたものだって評価されてますけど，カント自身は哲学者の夢想だって書いています.

　パンソフィアも，とくに『総合的熟議』の第6部なんかは，教会の建物の形や年齢によって着る服の色まで書いてあってウンザリします. でも，改革の全体の構想には参考になるところもあります. それに，別な時代の別な社会の人々が読んだらビビッとくるかもしれません. 簡単に決めつけなくていいと思います.

　コメニウスは，人間の精神は不透明だから，教えれば伝わるなんていう単純なものじゃない，って見ていました. そして，無限の情報から何を選んで伝えるべきかということが絶望的なほどの難題だ，ってことにも気づいていました.

　そして，何とかひねり出した解決策が，そんな悩みはあんまり受けとめてもらえず，美味しそうなところだけをつまみ食いされた，という現実もあります.

　でも，私は，答えの出ないような難問を探求し続けた，っていうコメニウスの姿勢こそが重要だと思います.

森：今，コメニウスの言葉をとりあげて，逃げようとしてもやっぱり逃げることのできない教育っていう課題について考えているのを，コメニウスもきっと喜んでくれますよね.

高：というか，それができるのが私たちの特権ですよね.

　今夜は晩酌を楽しんでください.

風：お2人も. では，また来週！

『世界図絵』より「書店」
「書物は知恵の光である.」

VI 言語と教育
——言葉に隷属するのではなく，言葉に命ずるのだ

森：最近，あまりにも実態のともなわない言葉が多すぎます．コマーシャルで商品の効果を宣伝してますけど，根拠がないと虚偽広告になりますよね．じゃあ，ちゃんと検証すればいいと思うんですが，まったく検証しないで「個人の感想です」って逃げるCMの何と多いことか．今こそ，すべての日本国民に……（笑）．

風：（軽くスルー）最初から真偽の判断を放棄して，開き直っていますよね．

森：行政機関とか大企業とかが問題を起こすと，皆，「再発防止に努めて参ります」って言いますけど，「それなら安心できる」って全然思えませんよね．

高：饒舌でも空虚な言葉って，チェコの民主化を成し遂げたヴァーツラフ・ハヴェルが繰り返し問題にしています．「初めに言葉ありき」だが，つつましいはずの言葉はいつの間にか傲慢な言葉に変わり，その回復はとても難しいって……．

📖ヴァーツラフ・ハヴェル『反政治のすすめ』飯島周・石川達夫・関根日出男訳（恒文社，1991）

風：しかし，人間は言葉から逃げることはできません．コメニウスも，「言葉にできないことを言うことは誰にでもできない」（『パンソフィア』可能界，6章）と書いています．

高：一見すると，ごく当たり前のことを言っているだけに思えますけど……．

風：哲学の歴史では，人間の「意識」が何より重視されてきたんですが，20世紀になって「言語」が注目されるようになりました．「言語論的転回」っていいますが，人間の思考が言語によって規定されているのがとくに重視されるようになりました．コメニウスは，それに近いようなことも言っているんです．

森：日本語では蝶と蛾っていう別々の言葉がありますけど，2つを区別しない言語の方が多くて，生物学の分類でも区別はないそうです．日本人は，蝶は優雅で蛾は不吉って思っている人が多いですけど，それは言語に影響されてる面が大きいでしょうね．

風：国語の教科書にヘルマン・ヘッセの『少年の日の思い出』っていう短編が載ってましたけど，昆虫採集が趣味だった主人公の男の子が欲しがったのは蛾だったですね．あの作品が『クジャクヤママユ蛾』ってタイトルで紹介されてた

ら，日本の教科書には載らなかったかもしれませんね．

高：なるほど，言葉の影響ってたしかに大きいですね．でも，実態がともなわない言葉の氾濫って，経済至上主義の影響が大きいんじゃないですか．

森：そうはいっても，商品そのものを手間ひまかけて改善するよりも気の利いたキャッチコピーを考えて売っちゃえば手っ取り早くもうかる，ってなるのは，「物事は言葉しだいだ」っていう風潮が強まったからじゃないですか．そう考えると，思想の影響も無視できないですね．

風：言語論的転回が言われたのに加えて，社会構成主義っていう考え方が出てきました．簡単にいうと，私たちが現実だと思っていることはすべて社会的に構成されている，っていう見方です．そこで決定的な意味を持つのも言語です．

　たとえば，「ニート」って言葉がありますが，学校を出ても定職に就かない人間なんて昔からいくらでもいたわけです．昔は「高等遊民」なんて呼ばれてたようです．ニートはイギリスの社会政策からできた言葉ですが，それが広がると，いわゆるフリーターは非常にネガティブに見られるようになりました．社会構成主義は説得力がありますけど，言語の役割を重視していけば，「現実そのものは認識できず，あるのは解釈だけだ」という話になります．それが行き過ぎると，ヴァーチャルな世界で完結しちゃう方向に行く説濃厚です（思案顔）．

高：それってニヒリズムでもありますね．

風：おっしゃるとおりです．「本当とか真実なんかない」と思うから「言葉でどうにでもとりつくろえる」ってなるんでしょう．

森：本当とか真実ってことを言いすぎると，多様性が否定されて窮屈になりますけど，逆にニヒリズムに極端にふれちゃうと「何でもあり」になっちゃいますね．

風：21世紀は，もう真理が語れない「ポスト・トゥルース」の時代だ，って言う人がいます．私は，そう簡単に言ってもらっちゃ困る，と思いますけどね．

　ところで，コメニウスは，「言葉は現実ではないようになりやすい」って言葉を残してます（『パンソフィア』道徳界，7章）．それで，どんな言葉がどんな意図で使われているのか，慎重に見極める力が必要だ，って考えたんです．

高：リテラシーですね．

森：とくに，知識基盤社会とかネット社会っていわれるようになって，読解力が強調されてます．そう考えると，コメニウスの言ってることって古くないですね．

風：コメニウスになり代わって，ありがとうございます（嬉）．教育の歴史では，文字による学習が中心の時代が続いていたのが，実際の生活で役に立たないと意味がないってことで，経験が重視されるようになりました．だいたい19世紀の終

わりから20世紀にかけてのことです．それって，産業の中心が工業になった時代です．でも，20世紀の後半からポスト工業社会になって，最大の資源は情報になりました．情報って要するに言葉です．

高：ハヴェルが言うように言葉が問題な時代なんですね．

風：ここには『パンソフィア』から引いておきました（パンソフィア執筆についての熟議）．言葉に振り回されないようにっていう消極的な姿勢じゃなくて，言葉を自在に操る力をつけよう，っていうんですね．

高：言葉がないと思考できないんですから，まず，ある程度のボキャブラリーは必要ですね．

風：「ググればいい」って言いますが，ググるキーワードが出てこなかったらどうするんでしょう．実際，卒論の指導なんかで参考文献を探すように課題を出すと，恥ずかし気もなく「見つかりませんでしたあ」って言ってくる学生の何と多いことか．……それでいっしょに探してやると，10分くらいでジャンジャン見つかるんですよ．ついつい，デーモン閣下に降臨していただいて，ロウ人形にしてもらおうか，って思っちゃいます．

▼ 言葉は物事と平行して学ばれなくてはならない

森：（軽くスルー）学生時代，コメニウスはリアリストである，って習った記憶があるんですが，今の話とは関連しますか？

風：見事なパスを出していただきました（破顔一笑）．ボキャブラリーが豊かになれば，思考は深く広くなります．でも，インテリって，言葉ばかりで行動がともなわない，って批判されますよね．

ルネサンス時代，古代ギリシアやローマを研究した人文主義者（ヒューマニスト）によって「人間の発見」がもたらされたっていいますが，いいことばかりじゃありませんでした．文学でも芸術でも新しいものを出さないと評価されないんで，どうしても枝分かれしていきます．コメニウスはそんななかで育ちました．

リアリティとは？

高：美術で考えるとわかりやすいですね．ルネサンスといえば，ダ・ヴィンチとかミ

ケランジェロの写実的な作品が有名ですけど，その後だまし絵とかグロテスクな
作品が出てきますよね．イタリア人画家のジュゼッペ・アルチンボルトが神聖
ローマ皇帝のルドルフ2世を描いたのなんか奇妙キテレツですよね．プラハに
あったのが，三十年戦争でやってきたスウェーデンに持ち去られちゃったんです
けどね（小怒）．

森：芸術としては面白いです．でも，リアルだと思う人はいないでしょうね．

風：わかりやすい例を出してくださいました．ルネサンスも終わりに近づくと，
難しい言葉や複雑な表現を操れることが競われるようになったんですね．学問は
発展したようにあったけれども，宗教の対立は深まるし，中世までの世界観は疑
わしくなるし，社会不安が高まったんです．

森：それで，言語とともにそれが指している物事を学習すべきだというんですね．

風：そうです．書物は物事についての他人の観察や証言にすぎないから，物事そ
のものが教えられなければいけない，と言っています（『大教授学』18章28節等）．
物事のことをラテン語でレスといいいますが，リアリズムという言葉はここから
来ています．

高：でも，コメニウスがたくさんの教科書を書いたのは，まさに言語そのもの
じゃないですか？

風：『大教授学』を読むと，教室に模型や実物を置くように勧めていますから，
物を使って教育しようとしたのは間違いないです．でも，言葉がいらないと考え
たわけではないです．

森：それなのに，なぜコメニウスはリアリストと呼ばれるんですか？

風：幼児教育では実際に物を触らせたりして学ばせますよね．そこには，まず感
覚を訓練することが大事だ，という考えがあります．言葉が追いつかなくても，
感覚はもう活発なわけですから．

　コメニウスの頃から幼児や児童の教育が本格的に考えられるようになりました
が，18世紀には，ルソーやペスタロッチなどが子どもの教育について考えて，言
葉よりも物，言い換えれば理性よりも感覚を重視したんですね．

　そして，19世紀の半ばになって学校制度ができ，教育学が教えられ始めます．
そこでコメニウスは，ルソーやペスタロッチよりも前に子どもの教育について考
えた偉人として教えられたんですね．そんな歴史があります．

高：コメニウスが幼児や児童の教育について考えたのは事実ですけど，それだけ
じゃないですよね．あらゆる者の教育を考えたわけですから，言語の学習も重要
だ，と考えていたわけですね．

風：そうです．『世界図絵』は，挿絵ばかりが注目されますけど，複数の言語を学べるということで評判をとったんです．この教科書には，言葉と物事は平行して学ばれるべきだという考え（『大教授学』22章3節）が実現されています．

森：コメニウスは，言語か物かっていう二者択一で考えたわけじゃないんですね．

風：コメニウスは，言語が独り歩きしたような状態に危機感を持っていたんです．言語がフラフラしないように物事（レス）にヒモづけできれば，教育はリアルになると考えたんですね．

高：何が何でも勉強は退屈，っていう子もいますが，多くはせっかく勉強しても実感がわかないっていう不満だと思います．リアルに感じられれば，少しは量が多くても頑張れるものですよ．

 ## 話すからには言葉ではなく物事を

森：言葉と物事を対応させるっていうのは，言葉を独り歩きさせないための重要なポイントですね．

風：はい．コメニウスも，「話すからには言葉ではなく物事を話しなさい」って言ってます（『パンソフィア』道徳界，4章）．

森：「何でも言葉次第」っていうのは危険です．でも，言語には物事を表現する無限の力があります．その力って，写真や動画にも負けてないですよ．

高：日本語を勉強し始めた時，中原中也がサーカスのブランコが揺れるのを「ゆあーん　ゆよーん　ゆやゆよん」って表現したのを知って衝撃を受けました．

風：『北斗の拳』のケンシロウが秘孔を突いて，相手が爆裂する音は「ひでぶ」でしたかね．……独り言です（恥）．本当に言語の力って無限ですね．しかし，コメニウスは言語の力を過小評価した，っていう見方もあるんです．

高：どうしてですか？

風：たとえば，『大教授学』には，事柄が身体で言葉は衣服だ，とあります（16章15節）．理性や言語がなくても事柄は存在する，とも言っています（30章5節）．それに，物事それ自体は感覚にとらえられて，そのイメージが精神に表象され，それが比較されたり判断されたりするんだ，とも書いています（27章7節）．

　たしかに，こういう発言だけを見ると，コメニウスは言語についてずいぶん考えたのに，言語を手段的にとらえて，物事をそのまま伝える透明な媒体のように見ていた，って言われるわけです．

森：でも，それは，今までの話からすれば，言語が社会の混乱のもとになってい

る状態を何とかしなきゃいけない，って考えたからですよね.

風：私はそう思っています．言語は大事で侮（あなど）れないけど，あまりにも高い地位を与えすぎるとまずい，って思ったんじゃないでしょうか.

高：エビデンスはございますか？

風：『地上の迷宮と心の楽園』なんかいかがでしょう.

惑わしのメガネをかけられて……

高：天職を求めて世界に旅に出た若者が，2人の案内人に出会って，さんざんな目に遭う，っていう筋書きですね.

風：若者が，世界が実際とは異なって見えてしまう「惑わしのメガネ」をかけられてしまうシーンがありますが，あれって無意識なうちに身についてしまう習慣や教育の影響を言っていますよね．その影響って，要するに言語として学ばれるわけですよ.

　　別のところでは，色の着いたガラス越しじゃあ物の本来の色は見られないだろう，とも書いてます（『パンアウギア』11章35節）．コメニウスは，人間の精神を紙のようにとらえていた，って言われます．でも，以前お話ししたように，コメニウスは精神の不透明性を問題にしたんです．単純な表象主義者じゃありません.

高：言語のバイアスがない無色透明な認識なんてできない，ってことをコメニウスはよくわかっていたんですね.

風：それでも何とかならないかと思って，コメニウスはずいぶん考えたんです．大評判をとった教科書と比べると，構想で終わっちゃったわけですけど…….

森：お話ししたそうにされているので（微笑），できるだけ簡潔にどうぞ.

風：では，お許しが出たので簡単に．言語の混乱を解決しなきゃ，っていうコメニウスの思いは，ユダヤ・キリスト教文化の根源から来ています.

森：大昔，同じ言葉を話していた人間が天に届くような塔を建てようとして，怒った神が，言語をバラバラにしてしまった，という聖書の話ですね．大好きなブリューゲルの名画を

「如何せん」すら通じない

見たことがあります.

風：『大教授学』にも，母語でさえバラバラで言語は混乱している，とあります（6章5節）.それから，外国人教師がいたとして，働く国の言語ができなかったら，目つきや身振りで意思疎通するしかないという例をあげて，バベルの塔の話が思い出される，って書いています（17章27節）.

高：コメニウスは，チェコに生まれて，今のドイツ，ポーランド，イギリス，オランダ，ハンガリー，スロヴァキア，スウェーデンを転々としましたから，言語が人々を隔てている，っていうことを実感していたでしょうね.

風：複数の言語を学べる教科書の作成で相当に苦労していますし，当時はまだ近代的な国家も成立していなくて，いわゆる標準語が定められる以前ですから，人名ですら綴りが一定していなかったんです.

高：それに流浪の人生だったわけですから，『地上の迷宮と心の楽園』に書かれていたような，言葉であざむかれる経験もずいぶんしたんでしょうしね.

風：そこで，まず，あまり言葉に振り回されないように，物事そのものを知ることはできないかって考えます.コメニウスは『開かれた言語の扉』っていう教科書で注目されました.でも，言語中心の教育を改めようということで，『物事の扉』という教科書を書こうと思い立つんです.

高：それで，できたんですか？

風：生きている間には完成しませんでした.死後の1681年に出版されています.

森：その教科書は使われなかったんですか？

風：あまり注目されなかったこともありますが，使うのは無理だったと思います.

　コメニウスは，動物が太陽を見ても，燃えている物体の固まりとしか見ないだろうけど，人間は，太陽が比類なきもので，球体であるとか軌道はどうだといったように見る，って書いています（『パンアウギア』6章4節）.要するに，人間が物事を認識する時には何らかの概念が関わってるわけだから，そうした抽象的なことを理解させる教科書を書こう，って思ったんです.

高：私が生徒なら敬遠したいですね（微笑）.『世界図絵』の方がいいです.

森：コメニウスの後，哲学や心理学が発展したわけですが，そこからみての評価はいかがですか？

風：『物事の扉』からちょうど100年後に，カントの『純粋理性批判』が出ます.カントは，人間の認識は，どうしても感性や悟性の形式に左右されるので，「物それ自体」は認識できない，って書いています.

森：カントからすると，コメニウスのアイデアは不可能だっていうことですか？

風：カントの言う通りなら，そうですね．

森：カントって学生時代に読んで，「こんなことを考える人がいるんだ」って，びっくりしたのだけ覚えています（笑）．でも，カントで認識の問題がすべて解決したわけでもないんですものね．

風：コメニウスは，「もの自体」とか，カントと同じ用語も使って考えてますから，じっくり考える価値はありそうです．宿題にさせてください．

　コメニウスが言語に関して考えたことが，もうひとつあります．

高：何でしょう？

風：どんな民族でも物事を同じようにとらえられるには，どうしたらよいですか？

森：皆が同じ言語を使うようになればいい，って考えたんですか？

風：そうです．この時代には普遍言語が探求されたんですが，コメニウスもその一人なんです．

高：ポーランド人のザメンホフが考案したエスペラントってありますよね．異なった文化が平和に共存できるには普遍言語が必要だ，って考えたんですよね．

風：ザメンホフは，文法を簡易化するとか，新しい単語を作り出すのに接頭辞や接尾辞を使う，とか考えたんですね．コメニウスは『パングロッティア』という本を書いて，普遍的な単一の言語がありうるし，それによって万人が誰とでも互いに交流できるって言っています（『パンソフィア』最終部，7章）．聴覚障害者が人が話す口の形を見て言葉を読みとるのを参考にして，音節を表す口の形にふさわしい文字を考えられないか，なんて書いています（同，技術界，7章）．アルファベットじゃない文字まで考案してますが，成功したとはいえないです．

森：私はエスペランチストなので，とても興味があります．コメニウスが普遍言語を考えたってことは，裏を返せば，私たちが使っている自然言語の影響がいかに強いかってことを，よくわかっていたってことじゃないでしょうか．

風：座布団1枚です．私の言いたいことをビシッとまとめていただきました．

互いに理解し合うことは，身体に閉じこめられた魂ではできない

森：日本では，小学校3年から英語を始めるようになりましたね．でも，実質的な国際語ではあるかもしれないけど，普遍言語ではないですね．

高：チェコ語の話者は，世界で1千万ちょっとです．でも，チェコ語ならではの表現ってあります．英語の必要性が高まっているのは認めざるを得ませんが，ひ

とつの言語にすぎない英語の風下に置かれるような感じもしますね.

森:そう考えると,物事それ自体をとらえられる普遍言語っていうのが夢に終わったにしても,コメニウスが特定の言語に縛られない道を考えた,っていうところは何か共感できますよね.

高:そういう意味では,コメニウスが多言語を学ぶことができる教科書を生み出した,っていうのは今にもつながる貢献じゃないでしょうか.

風:ある制約を課せられて,自分は気乗りしなくても,一生懸命とりくんだ結果,意味のある仕事ができることってありますよね.コメニウスは,もし普遍言語ができて普及したら完璧だけど,それが難しいってことはよくわかっていて,当面できるのは,あらゆる言語を耕し磨きあげることだ,って書いています(『パングロッティア』序).その取り組みが,さまざまな教科書や辞典の編纂でしょう.

森:『開かれた言語の扉』って,ヨーロッパのほとんどの言語に翻訳されて,アジアの言語にも訳されたそうですね.

高:私は翻訳もしますけど,翻訳ってただ単語を置き換えてすむようなものじゃありません.本当に苦労しますけど,何とかそれをやり遂げると,両方の言語をちょっとでも豊かにした,って気になれます.

風:コメニウスが言っているのは,そういう感覚じゃないでしょうか.当時の教養語のラテン語やギリシア語には,お手本になるような古典が限りなくあったわけです.でも,ドイツ語にしてもチェコ語にしても,当時は,まださまざまなことを自在に語れるように洗練されていなかったんです.

コメニウスは教科書を編集しましたけど,その過程ではボキャブラリーや文法について考えないといけません.それは,ただの変換なんかじゃないですよ.

森:出版の仕事でいろんな方とお話しする機会がありましたけど,言語の違いにすごくこだわって,所詮,翻訳なんか不可能だっていう方もおられます.

高:言語が違えばもちろんですが,同じ言語を使っていたって,細かく言えば,人によって使っている意味は違うでしょう.

風:そういう見方を徹底させていけば,人間は相互理解なんてできない,コミュニケーションっていうのも誤解の連鎖に過ぎない,ってことになります.お互いが「多分こういう意味だろう」って思ってるだけで,思いは決して届かない,ってわけです.「君の気持はよく分かってる」なんて決して言えないっていうんですね.

高:意見を聴かない上司からそう言われたら,「あなたに何がわかるんですか」って反撃したいですけど,でも,人間は言語が違うんだから何も分かり合え

ないっていうのは，理屈が先行した極論じゃないでしょうか．実際的でないです．

森：人間は何も分かり合えないっていう人は，そのことも相手に伝わらないってことを前提にして，独り言をいってるってことになりますよね．私にも，変なスパイラルに入っているようにしか思えません．

風：事故や災害で肉親を失った人などを前にすると，「かける言葉が見つからない」って思います．これは，言葉が何でも表現できるわけじゃない，ってことを示しているでしょう．でも，言葉にしないとそのままになってしまうわけで，私たちは，実際，表現しがたいことを「筆舌に尽くしがたい」とか言ってるわけですよ．

高：コメニウスは，「言語の限界」みたいな議論をどう見ているんでしょう？

風：以前少しお話しましたが，コメニウスは，形のないある可能性が現れて形になる運動として世界をとらえたんです．世界も人間も常に変化していく，っていうのです．可能性の段階を想定していますから，言葉が発せられる以前ということも考えていたでしょう．でも，そこに固執するのは「世界は常に変化する」という 理 に背くことだと見ていたでしょう．

森：コメニウスは，物事は，理論から実践，実践から応用に展開するんだ，って考えていたんでしたね．

風：ありがとうございます．考えたことは語られて，語られたことは行われるんだ，それで意味を持つんだ，ということです．

森：思っていも，勇気がなくて口に出せないことってありますよね．でも，表現されなかったら，あとで「私はそう思っていたんだ」って言っても，周囲からすれば無いのと同じことですよね．「言わないけど分かってくれ」っていうのは，忖度のリクエストですね．

高：人間は互いに分かり合えない，っていうさっきの主張のとおりなら，表現されても伝わらないんだから，言っても言わなくても関係ない，ってことになります．この主張が弱いのは，結局，想像レベルでエビデンスがないからです．

風：「言葉にならない思いが大事」っていう主張も同じで，結局，想像の話になっちゃいます．あの人が言いたいのは，「Aかもしれない」，「Aではないかもしれない」，「Aではないかもしれないこともないかもしれない」って，どんどん深みにはまって無限に後退していきます．

　コメニウスは，当時から神秘主義者として有名だったヤーコプ・ベーメにも関心を持ってましたから，人間の内面とかを無視してはいなかったと思います．でも，内面といっても，何らかのかたちで表現されない限りは，結局は想像の話に

なります．思ったことは表現すべきで，表現されたことを問題にすべきだ，っていうコメニウスのスタンスは，理にかなっていると思いませんか？

森：現場の教師には，子どもを理解する超人的な能力が要求されてますよね．よく観察していれば見えることもあるでしょうけど，「心を読みとれ」みたいな無茶な要求をすべきじゃないと思います．そんな努力は続きませんよね．

高：コメニウスの明るさとドライさって，ヒントになるんじゃないでしょうか．子どもの心を読もうとするよりも，子どもが自分たちの思いを表現できる知性と勇気を育てることの方が正しいでしょう．

風：いじめなんかで問題なのは，無言でいる傍観者の存在です．あとで，「それはよくないと思ってはいた」なんて言われても，まさに後の祭りです．もし，誰かが勇気をもって訴え出れば，早期に芽を摘むことができたことがいっぱいあったことでしょう．ここには『パンソフィア』から引いておいたんですが（技術界，7章），「身体に閉じこめられた魂」って，するどい表現だと思いませんか．

森：すごい洞察ですね．言葉に表現できないって，考えがまとまっていないか勇気がないかは別として，結局，自分を出せてない，ってことですよね．前に自己中心性のことが話に出ましたけど，コミュニケーションができないっていうのは魂が閉じている，ってことなんですね．

風：そうです．ここは，コメニウスがこだわったところだと思います．さらにすごいなと思うんですが，読唇術や手話の例をあげて，思いを表現する力に健常者も障害者もない，ってことも書いてます．彼は，「本当に実体的な言葉は感じたことを実現する」（同，可能界，7章）とも言ってます．

高：言葉にできないような曖昧な願いが実現する，ってことはほぼないですよね．「本当に実体的な言葉」って，説得力があって人を動かします．そういう言葉を話してる人って，自分でも矛盾が少なくてすっきりしているでしょうし，正々堂々としていてカッコいいです．

森：外国人教師から「日本人はウソつきだ」って言われたことがあります．どういう意味かと思ってきいてみたら，できないならできない，って言えばいいのに，その場しのぎで，「すぐやります」とか，相手の機嫌をとろうとして小さなウソをついてばかりいる，っていうんです．とても考えさせられたんですが，コメニウスの言葉は示唆的ですね．

風：コメニウス自身は，教科書の編纂の仕事が気乗りしなかったように書いていますけど，頑張ってくれてよかった，って思いますよ．『パンソフィア』には，人間の交流は話し合いに依存していて，人によってその能力には差があるけれど，

技術で補うことができる，って書いていますからね（同，技術界，7章）．

森：大事なところだと思って読んでみたんですが，リアルな言葉がありました．

　　「精神の中に物事がないか，舌が精神と同じ速さでないために，言葉が出てくるの
　　が遅れ，黙ってしまう．その人に話すように催促しても，すぐに黙ってしまい，話
　　し合うのを止めてしまう．」

　何でも覚えていなきゃいけない，ってことはないでしょうが，何でも右から左
に抜けててじゃあ，話し相手に呆れられます．私はチェコ語をずっと勉強してま
すけど，「舌がついていかない」って表現は身につまされます（苦笑）．

風：発言を促されても黙る，っていうのは，日本人あるあるですよ．学生時代，
イギリスに語学研修に行った時，先生が「日本人はミステリアスだ」って言って
ました．何とかしゃべらせようとしていろいろ働きかけても，目をそらしてずっ
と下を向いている．でも，研修の終わりにノートの切れ端で作った折り鶴をプレ
ゼントされたって．それがひとりじゃなかった，っていうんです．

森：今はもう少しはしゃべるようになってるみたいですけど，議論ができる子は
少ないみたいですね．

高：日本の若い人はよく「傷ついた」って言いますね．そう言われると，「傷つ
けないように」って思いますから，どうしてもアドバイスしにくくなります．

風：創造って，古いものの破壊から始まります．創造の「創」が「切り傷」って
意味なのは意味深です．「傷ついた」っていう思いは，新たな創造が始まってる
兆しなんですけどね．それをハラスメントみたいに言われちゃあ困ります．

高：もうひとついいですか．ここ何年か，日本人がすぐに「心が折れそう」って
いうのにも違和感があります（笑）．

風：私もです．そういう人は，心を割り箸のようなもんだと思ってるんでしょう
（皮肉笑）．英語に訳せない不思議な表現ですね．

森：問題山積ですね．でも，言うだけならタダですから，今こそ，すべての日本
人に言いましょう．

風：（軽くスルー）でも，言えばいいってもんでもないですよ．会議なんかでずっ
と黙っていて，最後になって話をひっくり返して存在感を出そう，っていういい
大人もいますよ．陰では「また後出しジャンケンか」って思われてるのに……．
後で発言するために，わざわざ遅れて入ってきたりして．

高：コメニウス様に「本当に実体的な言葉」って色紙に書いてもらってプレゼン
トしましょう（微笑）．

「ロズミーテ・ミ（通じますか？）」

風：コメニウスは，初歩，中級，上級の教科書を作りましたけど，そこではレトリックも身につけられるように考えていました．表現力の大切さを考えていたわけですが，話すことに真実性がなければ，百害あって一利なし，ですよ．

高：チェコの大統領旗には，「真実は勝つ（プラヴダ・ヴィーチェズィー）」っていう言葉が刻まれています．ヤン・フスが処刑される時に発した言葉です．真実とは何か，って難しい問題ですけど，ポスト・トゥルースとかいって簡単に逃げちゃいけないですよね．

風：今日は高田さんがアツいですね（微笑）．では，また来週！

『世界図絵』より「印刷術」
（ここで間違っていれば混沌だ．）

VII 技術の意義

——人間を形成することは技術の中の技術である

高：誰でも，「こうやればうまくいく」っていうテクニックを知りたいものでしょうが，日本人はその傾向が強いと思います.

森：新卒の教師は，本当にマニュアルを欲しがりますね. たとえば，子どもを静かにさせようとする場合，「1，2，3……」というカウントアップよりも，「3，2，1」というカウントダウンの方がいい，みたいな話をすごく喜びます.

風：コメニウスは，教育を技術化しようとしたことで歴史に名を残しました（『大教授学』読者への挨拶，5節）. 教育方法の研究者がコメニウスの姿勢に疑問を持つことはないようです.

高：疑問を持つ人がいるんですか？

風：技術への問いがあるんですね. 技術の恩恵を否定する人なんていないでしょう. でも，喜劇王チャップリンの映画『モダン・タイムス』みたいに，人間が生み出したはずの技術に人間が操作されてる，っていうこともありますね.

高：ドイツの哲学者のマルティン・ハイデガーの本を読んだことがあります.

　　📖マルティン・ハイデガー『技術への問い』関口浩訳（平凡社〔平凡社ライブラリー〕，2013）

風：自動車が普及して道路網が伸びれば便利になりますが，私たちは各地の観光地の広告にさらされて，不要不急に動き回らされることになってます. ハイデガーは，技術化した社会の中で，人間が技術に駆り立てられて本来のあり方を見失うようになっているんじゃないか，って書いていますね.

森：それでコメニウスが批判されているんですか？

風：最初にお話ししましたが，20世紀の後半，科学の発展によって世界は大きく変わりました. 教育の分野でも，新しい方法や技術の導入が期待されました.

　　しかし，その後，環境問題が深刻になり，技術への疑念が強まりました. それで，教育の技術を科学的に研究しようという試みにも，疑問の目が向ける人がいます. でも，その後，コンピュータ技術が発展して，遺伝子レベルの研究も進んでいるので，ただ「技術は危険じゃないのか」では，主張としては弱いですよね.

森：なんでも技術に依存するのはよくないでしょうが，技術を毛嫌いするのもよ

くないでしょう．コメニウスがなぜ技術にこだわったのかって，面白そうですね．

風：では，まず，話がごちゃごちゃしないように，基本的な言葉を整理しておきましょう．キーワードは，方法，秩序，技術，自然，模倣です．

　まず，方法ですが，どうやって方法を考えますか？

高：大きく分けて帰納法と演繹法がありますよね．帰納法は，いろいろやってみた経験から，どうしたらよいのかを考えます．演繹法は，「人間はいつか死ぬ」みたいな一般論を具体的な事例に当てはめて考えるんですね．私は，いろいろ本も読みますけど，今までの経験をもとに考えるタイプです．

風：そうですか．コメニウスはうまくいったという実践の寄せ集めに基づいて方法を考え出すのを批判したんですけどね（『大教授学』読者への挨拶，3節）．

高：でも，「すべての根底にある不動の自然に基づく」って，ピンときませんね．

森：学校で，「こうやったらうまくいった」みたいな実践報告をよく聞かされていましたけど，自分のケースに当てはまらないように思うことが多かったです．この研修の目的は，「こんなに頑張っている人がいるんだから君たちも頑張りなさい」っていうことなのかなって思ったものです．

風：参考になることはゼロじゃないでしょう．でも，煽(あお)るのはやめてほしいですね．コメニウスも，成功例をただ集めてもうまくいかない，ということを問題にしています．とくに，学校は国民の税金で運営されているわけで，誰がどこでやってもある程度の質で行われるということが求められるわけです．

高：それはわかります．教師は個性的であってほしいし，その方が先生方もやりがいがあるでしょう．でも，基本的なことができないと困りますよね．それに個性的なやり方でも，効率が悪かったら，その先生は時間を損するわけですしね．

風：誰でも何かする時には方法を考えるわけですが，それはできるだけ妥当であることが望ましいわけです．次に秩序に行きます．英語ではオーダーです．

森：物事が，前後・位置・大小・異同のような関係や，場所・時間・数・尺度・重さに応じて配置されているのが秩序だ，って言ってます（『大教授学』13章1節）．

高：でも，秩序って，どうも窮屈に感じます．私は声楽をしますけど，あまりテンポとか音程をうるさくいわれるのは好きではありません．

風：わかります．でも，合奏の入りがバラバラじゃあ，ぶち壊しですよね．コメニウスが言いたいのは，「物事は何でも一定の秩序の枠に収まっている」ってことでしょう．オーダーって，日本語では順序も意味します．順序がまずいと，物事はうまくいきません．結局，方法って順序が立てられるかどうかで決まります．

森：次に技術ですね．コメニウスは，「教える技術に必要なのは，時間と物事と

方法を精巧に配置することだけだ」と言っていますね（15節）.

風：どんな技術にしても，物事の順序を見極めて，ある作業を時間の流れの中に配置することだ，というのでしょう．ただ，新たな技術を考える時は，まだ秩序がわかりませんから，何らかの参考が必要になりますね.

森：そこで，『大教授学』の14章で，「学校の正確な秩序は自然から借りなければならない」と言われることになるんですね．「自然を模倣せずして，技術は何もなし得ない」ですね.

風：教育の方法を技術にまで高めるためには秩序を見出さないといけない．しかし，人間の内部は見えない．そこで自然現象をモデルにしようというんです.

高：それで，『大教授学』には，植物や動物の比喩がたくさん出てくるわけですね．でも，動物や植物から教育の方法を説明するって，何か無理があるんじゃないかと思うんですが.

森：子どもの頃，先生が姿勢の悪い子に「竹のようにまっ直ぐに」と言っていたのを思い出します．私たちは，何気なく自然を手本にしますけど，たしかに，そうしないといけない理由はないですよね.

風：コメニウスの時代にも同じ疑問がありましてね．彼は，かなり辛辣な手紙をもらっています．それでかどうかわかりませんが，『大教授学』って，書かれてから20年近くお蔵入りになったんです.

　でも，コメニウスは人間の外にある自然だけを参考にして教育の技術を考えたわけじゃないんです．それに，自然と技術の関係も正しく理解されていません.

高：エビデンスはございますか？

風：誰にでも目に留まるエビデンスがあります．教授学の全集の扉絵です.

高：何か，謎解きをしてみたくなる誘惑にかられるような構図ですね.

風：たしかにそうですが，仕掛けは全集の本文にあります．前にも『大教授学』だけ読んで終わらせちゃった人が多かったという話をしましたが，コメニウス自身が全集の最後の方で明確に解説しています.

　　「銅板に彫られて巻頭に掲げられたこの全集のエンブレムは，私たちの願望の目標を眼前に明示しようとするものだ．つまり，教え学ぶ（または，学校の現実に関する）技術は，Ⅰ. 天空の運行，Ⅱ. 時計，Ⅲ. 船舶技術，Ⅳ. 農業と園芸の技術，Ⅴ. 絵画や彫塑，Ⅵ. 建築術，Ⅶ. 最後に印刷術，といった事柄の確実性との類似から導き出されるのだ．」（「生ける印刷術」7 節）

　✎次ページの扉絵とよく照らし合わせてお読みください.

『教授学著作全集』第1巻扉絵
天井には天空，壁面の上段左に時計，中央に船舶技術，右に農業と園芸，中段左に絵画と彫塑，右に印刷術，下段右に建築術が描かれ，技術の中の技術としての教育を取り囲んでいる．

森：この絵の真ん中に描かれた学校の様子が，教え学ぶ技術を示しているんでしょう．コメニウスは天体の運行のような自然も参考にしていますが，人間が生み出した技術も，引き合いに出しているんですね．

風：そうです．コメニウスは自然現象だけを参考にしたわけじゃありません．『大教授学』には，さまざまな職人の技術について書かれています．天体の運行と機械的な技術が同じ背景に描かれていますが，これは何を意味しているでしょう？

高：ウーン，ちょっとわかりません．

風：コメニウスは，天の秩序を学校に引き移す，と書いています．そして他の6つの技術に見られる秩序も教育に転用できると言っています．つまり，この7つはすべて技術なわけです．

森：でも，天空は自然で，他の6つが人間の開発した技術ですよね．

風：たしかにそうです（小汗）．日時計は，天体の運行の観察から作られたんでしょうし，それは技術が自然を模倣した実例です．では，天体の運行はどうやって作られたんでしょう？

高：ここでビッグバンから話しを始めちゃ，「空気読めない」って言われますね（微笑）．コメニウス的には神ですね．

風：そうです．自然は神の業としての技術の産物と見られています．

森：だとすると，すべては技術によって動いている，っていうことですか．

風：そう言っていいでしょう．自然と技術を対立させてとらえる発想がありますが，コメニウスはそうではありません．自然から技術を引き出そうというのを自然的方法と呼んでいますが，その前提として自然そのものが神的な技術であると見られていたんですね．

森：でも，職人さんの技術は違うんじゃないですか.

風：若い頃のデカルトが，人間はどうやって物事を考えるか，ってことを，職人の作業の観察から考えようとしています.

　　※ルネ・デカルト『精神指導の規則』野田又男訳（岩波書店〔岩波文庫〕，1974）

　コメニウスが，職人の観察から技術を引き出そうとしたのは，それと似ています.しかし，「あらゆる者」を対象にした教育の技術を考えるのに，職人の技術を参考にするというアイデアは，当時の社会では批判されるおそれがあったでしょうね.身分制社会でしたし…….

高：コメニウスの主張には，どんな根拠があったんでしょう.

風：やはり聖書です.ルカによる福音書に，「この世の子らはその時代に対しては，光の子らよりも利口である」（16章8節）とあります.この世の子とは世俗的な人間，光の子とは神の道に入る人間を指しています.コメニウスは，学識や道徳性だけでなく敬虔さを備えた人間を教育するための方法を考えようとしているわけですが，この一節から，俗人の行いを参考にしてよいと確信したんですね.

高：前に出た職人へのリスペクトって，こういう背景があったんですか.

風：誠実に働いている人々の仕事には，自然現象と同じように神的な技術が現れていて，それは，世の中の混乱を逆に深めている知識人なんかよりも，よほど教育の技術を考える参考になる，っていうことなんでしょう.ちょっとうかがいますが，「テクニシャン」っていう言葉には，どんなイメージがありますか？

高：高い技術があってすごいけど，何でもテクニックで乗り切ってズルい，というような，ネガティブな意味や若干の軽蔑もあるかもしれません.

風：当時の職人には芸術家も含まれていましたが，今言われたような意味で，低く見られていたんですね.コメニウスは，すべては技術の現われであるという立場から，技術の重要性を擁護したんです.

森：コメニウスの主張は，技術家の励みになるものだったでしょうね.

風：そうですね.ギリシア語で理論をテオリア，実践をプラクシスといいますが，実践は歴史的に理論の下に置かれてきました.コメニウスには強い知識人批判があって，技術家や実践家への軽蔑を 覆（くつがえ）そうとしたんです.

森：しかし，説明を扉絵の裏にでも書いておいてくれればいいのに，ちょっと意地悪ですね（微笑）.

風：コメニウスはたいてい親切で，多くの著書には索引がついてます.この全集にも索引をつけた方がよいというリクエストがあったんですが，すると最後まで読まなくなるから付けない，ってはっきり書いています.

高：扉絵の話は面白かったです．私もマニア化してきたみたいです（笑）.

風：ちょっと，おさらいしておきましょう．教育って，ついつい経験に頼りがちになります．しかし，経験って結果オーライなところがあって，本当はもっとよい方法があるかもしれないのに，深く考えないで済ますことがあります．コメニウスは，そこを問題にしました．しかし，人間のなかで何がどうなっているかは見えません．そこで，世界にあるさまざまな秩序を観察して，参考にしたんです.

高：私はクリスチャンじゃないですが，人間も宇宙の産物だっていうのは否定できないので，人間や自然の世界の秩序を参考にしようというのは分かります.

技術の本質は何かをなすことではなく，成し遂げることだ

森：教育に技術が必要だ，ってことはわかります．以前，コメニウスの時代には技術と芸術の垣根はなかった，っていう話も出ましたが，そう考えると冷たい感じも減りますね.

風：『大教授学』には，それまでの教育方法があまりにあやふやで，どの教師の口からも，ある年数でこれだけのことを教えるという確信ある言葉が聞かれなかった，って書いてあります（16章4節）．コメニウスは，ここを外さなければまずOKだ，という教育の手順を示そうとしたんです．ここに引いたのはトランシルヴァニアで学校運営を任された時に書いた『パンソフィア学校の輪郭』の一節ですが，何としても結果を出すんだという執念が読みとれます.

森：ただ，コメニウスは自分のアイデアを「教授機械」って呼んでいるそうですね．教育が機械的に処理される感じがして，少し抵抗があるんですが……．

風：たしかに，教授学の全集の最後の方に「人間を培う方法を機械的にする」ことが考察されています．そして，コメニウスは，とくに，印刷の技術から多くを学ぶことができると言っていますから，これを合わせると，大量生産の工場のような環境で人間を製造しようと考えていた，なんて誤解されるわけです．しかし，教育を機械化すべきだと主張した理由は，もうわかっていただけますよね.

高：それまでの教育が，あまりにも行き当たりばったりだったからですね.

　機械的イコール冷たいイコール非人間的という連想が働く人が多いでしょうが，私は人間的で温かければ常にいいとは思わないですね．人間って感情の動物ですから，好き嫌いや気分で動くことがあります．あれって嫌なものです．ファーストフード店のマニュアル化されたサービスって，味気ないかもしれませんが，どこでも誰にでも共通なので，まごまごしないですむじゃないですか．機械は人間

と違って, えこひいきしませんよね.

森：官僚って, どうしても悪く言われますけど, 大半の人はよく働かれていると思います. それに, 個人の意見をはさまないで淡々と公平に仕事をするのも立派です. でも, 何でも技術的に解決できるように考えているのかなって, ちょっと違和感を持つことがあります.

風：大事なご指摘です. コメニウスの時代の技術の現場は工房くらいだったですが, それが産業革命を経て巨大化しました. 技術は政治や経済においても考えられるようになります. また, 技術は組織的な研究によって開発されるようになりました. すると, 職人のような人はメインじゃなくなります. ルソーも職人を評価していますが, それは自分の技術だけを頼りにして周囲に依存しないからです. 現代の技術者はそうはいきません.

　📖ジャン・ジャック・ルソー『エミール』上, 今野一雄訳（岩波書店〔岩波文庫〕, 1962）

高：今の技術者って, 個人としてどうであっても, 巨大な組織の一員ですよね. すると, 「私は決定されたことをお伝えしているだけです」とか, 本当に機械みたいに決まったことを言うだけになったりします. 社会主義時代のチェコスロヴァキアには, そんなことがよくありました.

風：人間, 個人としての責任が問われないと必死になりにくいですし, 組織が巨大だと責任の所在は曖昧になります. すると, コメニウスが技術に期待してこととは違うことが起きてきます.

森：どういうことでしょう？

風：専門的な技術者が政策を提案して大きな予算がつきますが, それに見合った効果が出てない, ってことが結構あると思いませんか？

高：たしかに……. 何か人目を引くキャッチフレーズがメディアに乗って, 皆, 右往左往しますけど, 実際に問題が改善したかどうか, はっきりしないことが多いですね.

風：私なんか, とくに教育関係の事業で, 「この本当の目的は予算を使うことにあって, 効果は二の次なんじゃないか」って思ってしまうことがあります. お金が動けば, それだけ経済は動くんでしょうが, 効果があがらなければねえ.

森：それじゃあ「技術は何かを成し遂げるためにある」という言葉の反対ですね.

風：結果が出るかどうかをはっきりさせるには, 評価方法を考えないといけません. しかし, 何が効果的かは簡単には測れません. それでも何かやらないといけないってことになると, 十分に練られないままに行われることになります.

森：コメニウスが指摘したように, とにかく何かをすること自体が目的になって

しまうわけですね．教育現場は忙しくなるばかりでブラックだって言われるのに，結果は思ったほど上がらない，っていうんじゃあ困りますね．

風：「教授機械」という論文のタイトルには，「教え学ぶ作業にこれ以上かかずらわるのではなく前進するための」って，書いてあります．

　以前も話に出ましたが，教育は，そもそも「ここまで」という線引きが難しい仕事のところにもってきて，あれもこれも押しつけられて，大変なことになっています．やっと働き方改革が言われるようになりましたが，かけられるお金や時間から逆算して，やるべきことを線引きするのは当たり前です．

　教育は尊い仕事で，人間は一人ひとりかけがえのない存在だ，というのを，「違う」とは言えないでしょう．しかし，それを盾にして，教師や学校に何でも背負わせて当たり前，というのは禁じ手じゃないでしょうか．教師も一人ひとりかけがえのない生きた人間ですからね．

高：行政も，マスコミや一部の親の意見に振り回されずに，「ここまでは責任をもつけど，その先はできない」って，はっきり言い切らないといけないでしょう．

風：今，政治主導ってことが言われて，逆に行政が振り回されています．SNSとかで批判が出ると，政治家は評判を気にしますから「皆さんに寄り添っていきます」とか，耳触りのいいことを言います．行政は，それにいちいち対応しなきゃいけなくなって，現場には無駄や無理が増えています．

 ## あらゆることを自律心によって教えるのだ

風：ところで，コメニウスが機械にこだわったのには，他にも理由があるんです．
森：コメニウスになりかわってのディフェンス，お聞きしましょう（笑）．
風：では，失礼して……．機械って冷たい，とか言われますが，でも皆使いますよね．なぜでしょう？
高：そりゃあ，任せておけばやってくれるからですよ．洗濯機なんか家事を激減させたわけですよね．アイロンがけとたたむのも任せられたら，完璧です（微笑）．
風：任せておけばやってくれる，っていうのはオートマチックにということですが，コメニウスは機械の「オート」というところに注目したんです．当時の時計がどのくらい正確だったか知りませんが，錘（おもり）をあげるのさえ忘れなければ，時を知らせてくれたわけです．印刷術は，原版さえ間違っていなければ，正確かつ大量にコピーを出せます．それに比べて人間は……．
森：「モチベがあがらない」とか言って休んだり，パフォーマンスが低くても平

気だったりする人がいますね．もちろん，一流のアーティストやアスリートみたいに，すごい人もいます．私は，ああいう人たちは徹底的な練習のおかげで，いちいち考えたり決意したりしないで動けるレベルになっている，って思うんです．それって，身体を機械化しているっていえますかね．

風：お見事なサポート的返しです（微笑）．

　そこでお尋ねしますが，教育って，どういう状態をめざして行われますか？

高：それは，自分たちでちゃんとできるような状態ですね．「自律」ですね．

風：おっしゃるとおりです．コメニウスが機械に見出した魅力って自律だったんです．自律って，英語ではオートノミーですね．ここでは『パンパイデイア』から引いておきました（7章28節）．子どもは，親にとってはいつまでも子どもですが，本当にいつまでも子どもだったら，安心して死ねません．教師も，生徒が「先生」って慕ってくれれば，それは嬉しいでしょうが，卒業してもいちいち相談に来られたら，次の生徒たちのための時間がなくなります．

森：私，名教師といわれる先生の授業を見学したことがありますけど，その先生は，ほとんど何も教えていないのに，生徒たちが自分たちで話し合って授業が進んでいったんです．すごかったです．

風：コメニウスは「近代教授学の祖」と呼ばれています．教授学というと，どうしても教え方の技術だって思われます．それは間違いじゃないですが，彼が理想にしたのは，機械がほっておいても動くように，子どもたちが自律的・自発的に学ぶような教育でした．

高：やはりエビデンスをいただけますか．

風：教授学の全集の最後の方には，学習には，アウトプシア，アウトレクティア，アウトプラクシア，アウトクレシアの4段階があるべきだ，って書いています．

森：チンプンカンプンです（呆）．

風：すみません（汗）．ここに出てくるアウトってオートと同じことですが，『パンパイデイア』では，「すべて自分で（1）見る，聞く，触る，（2）発音する，読む，書く，（3）描く，行動する，（4）自分で使用できるように変換する」って言いかえられています（10章15節）．アウトプシアとは感覚をとおした直観をいいますが，直観って教えられなくてもわかることですよね．次は自分たちで読み書きをし，それを描いたり造形したりして，最後には別のことに応用するところまでをめざします．

高：それができたら，たぶん森さんが見たすごい授業みたいになるんでしょうね．

森：私が見た授業のことでいうと，先生が最初から「君たちの自発性に任せるか

ら好きにしなさい」って言ってできたはずがないわけです．子どもたちが自律的
に行動できるまでの努力の積み重ねがあったと直感しました．何より印象的だっ
たのは，子どもたちの自信に満ちた賢い表情でした．

風：具体例をあげていただいて，よかったです．コメニウスは，とくに晩年に向
かうにつれて，教えるというよりも，学ばせることを重視するようになったんで
す．最初に印刷術をヒントにした頃には，生徒の精神に印刷されるのは「知識」
だと書いていました（『大教授学』32章7節）．でも，晩年に書かれた論文では人間
に教えられるのは「思慮深さ」となっています（「生ける印刷術」15節）．

森：思慮深さってとても大事なことですね．『世界図絵』にも載っています．そ
ういえば，私が見たすごい授業の子どもたちの目って，「思慮深い」っていう形
容がピッタリだと思います．

風：「思慮深さ」については，またの機会にゆっくり考えたいと思うんですが，
コメニウスが言うように，自分で見て，言葉にして，形にして，応用するといっ
た作業をすると，その間には，勘違いしたり順序がよくなくて失敗したりってこ
とが必ず起きます．でも，その試行錯誤が大事なんですね．だって，思慮深いっ
て試行錯誤ができることですから．

高：なるほど！　コメニウスを誉めてあげたいです．

森：でも，試行錯誤が思慮深さを育てるって聞いて，気になったことがあります．

高：何ですか？

森：日本の子どもたちは自尊感情が低い，って報告されていて，その対策だと思
うんですが，とにかく誉めることが大事だと言われてますが，それで思慮深さっ
て育つんだろうか，って思ったんです．

高：私は，日本人は人間関係を気にしすぎると思うんですね．周りと比較して気
にするんです．だからって，互いに誉めあえば自尊感情が上がるっていうんなら，
安易すぎるんじゃないでしょうか．

風：教育評論家が，「ポジティブ・フィードバックで返してあげましょう」とか
言ってますが，誉められたりけなされたりして乱高下する自尊感情なんて，何の
意味があるんですかね（小怒）．株価じゃないんですから．

森：できているのを認めないんじゃいじめですが，とにかく「スゴイ！」って誉
めればいいという，っていうのは雑ですね．

風：自尊感情を高める王道は，できないことができるようになるという成功体験
を獲得させることです．私は，「誉めて伸ばす」という言葉が教育現場をミス
リードしてるんじゃないかと心配します．下手をすると，最低限のこともできな

いのに「オレ，すげぇ」みたいな勘違いを生みかねません．

高：「オレ様」っていうんでしたっけ．日本の未来が心配になってきます．

風：そういう意味でも，コメニウスが教育を「技術のなかの技術」と呼んだことが意味を持ってくるんじゃないですか．教育の方針や方法は，大きな影響を与えます．学校教育が普及した今の時代，皆，そこを通っていろんな分野に行きます．いくらインターネットやAIが進歩しても，使うのは人間です．その人間に思慮深さが育っていなかったら，使いこなせないどころか，逆に多くの問題を引き起こします．そして，残念ながら，結構多くの問題が起きているんじゃないですか．

高：「誉めればいい」というのは，与えられた方針や方法をよく考えもせずに受け入れているわけだから，それでいいと思う教師にも思慮深さがない，ってことになるわけですね（辛）．

森：ひとつの方法や技術を当てはめておけばいい，っていうのは依存ですよね．

風：技術に依存を誘発する面があるのは事実です．「機械まかせ」ってそういうことでしょう．でも，コメニウスがいう技術って自律のための手段であって，思慮深さをめざしているんです．

高：本当に思慮深くなろうと思うんなら，コメニウスの意見も鵜呑みにしないで考えないといけませんね．

風：その通りです．そして，コメニウス自身，それを積極的に推奨しています．

高：しつこいようですが……．

風：エビデンスですね（笑）．教授学の全集の本当に最後に「炬火の引き渡し」という文章があります．

森：何のことですか？

風：コメニウスは古代オリンピックの炬火リレーのことを書いて，自分に当てはめているんです．教授学の全集はものすごい分量ですが，「自分はここまでやったが，あとはバトンタッチする」って思いだったんでしょう．そこには，自分がとりくんだことが良いと判断されれば，その上に積み重ねればよいし，欠けていれば補い，間違っていれば正してよい，と書いています（17節）．

受けとるか否か？
それが問題だ！

高：技術だって，一度出来上がればそれで終わりじゃありませんよね．

森：コメニウスが，その時代には必ずしも評価されていなかった技術の重要性を力説したことはよくわかりました．でも，考え出された教育の方法ってどういうもので，今の時代にとってどんな意味を持つのかが，全然出てきませんでした．

風：「こんなにすごいんだ」っていう効能書きだけじゃいけませんね（苦笑）．

　では，次回はコメニウスの考えた教育方法について見ていきましょう．

高：お腹がすきましたあ．でも，今から作るのは面倒ですね．レンチンで！

森：技術依存ですね（笑）

高：技術的に済むことは，技術に頼ればいいんです．

風：まあまあ．では！

『世界図絵』より「調理」
（17世紀は手がかかったのだ.）

教育の方法

───すべての学校を遊戯に変えよう

高：今日は，コメニウスが考えた教育方法についてですね.

颯：逃げる気はないです（汗）. 物事を整理して伝えるというのは大切なことです. でも，簡単にまとめると落ちる情報も増えるので，つらいところです.

　何度か話に出ていますが，コメニウスの作品にもリクエストに対応して書いたものと自由に書いたものがありますし，考えが変わったり深まったりということもあります. それに，無理に分類したり対応させたりしていると思われる箇所もありますので，あまり細かいところに入っていくと，かえって混乱します. ですので，おおまかにまとめた話になりますので，そこは勘弁してください.

森：コメニウスが，「あらゆる面から徹底して教えられることが望まれる」（『パンパイデイア』1章8節）って言うのは「一面的じゃない」という意味でしょうが，具体的にイメージしにくいですね.

敏速に，愉快に，着実に

颯：『パンパイデイア』の第7章には，「あらゆる面から教えるとは，（1）着実で確実に，（2）楽しく愉快に，（3）敏速に徹底的に教えこみ，何でもどこでも思慮深く教えるということ」（10節）と書いています.

　難しい箇所では時間をかけないといけません. コメニウスも親鳥が卵をかえす例を引いて，じっくり時間をかけることの大切さを言っています. しかし，親にも教師にも，無限に時間があるわけではありません. それに，時間を決めて集中して学んだ方が身につくのは多くの人が体験していることでしょう. あくまでも結果に結びつくように考えて，時間のメリハリをきかせるということですね.

　愉快というのは，基本的には，無理なく心地よくということです. 教師のユーモラスで親しみやすい態度も大事ですし，小ネタもいいでしょう. しかし，本筋から脱線しているのに，笑ってばかりで終わったのでは意味がありません.

　着実の原則はとても大事です. 授業を観察していると，教師の指示を聞かないで違うことをしている子どもが，けっこういます. コメニウスは，授業のなかに

練習の時間を設けるように求めています（『大教授学』18章41節）．子どもにとって学習の定着を試されるのは，嫌なことかもしれません．でも，定着しないと，だんだん授業についていけなくなって，結局は時間の無駄になります．

　そして，前回の最後に出た「思慮深さ」が，ここでも重視されています．教師が子どもを注意深く見て，結果に結びつくように思慮深く教えることが大事ですし，学習をとおして子どもが思慮深くなることが理想ということですね．

高：この３つが同時に達成されたら，そりゃあ子どもは嬉しいし，親も教師も助かるでしょう．ウィンウィンですね．でも，どうしてコメニウスは，こんなふうに考えられたんでしょう．

風：最初の回でお話ししましたが，コメニウスが人間の能力や可能性について深く考えたことが大きいでしょう．「手軽に解決」みたいな安易さがないんですね．

森：でも，『大教授学』で，神の技術が現れている自然から借りてくると言って，教育方法の基礎を９つあげているのは（16章），ちょっとわかりにくいですね．

 ## わずかの時間にも完全な一生が宿る

風：前回，技術とは時間と物事と方法の配置なんだ，という言葉を引いていただきましたが，それと関連させて整理してみましょう．

　時間からいきますが，時間って順序をどうするかっていうことと直結しますから，まとめてお話しします．コメニウスは，時間と労力の無駄は誤った教育方法のせいだ，と言っています．だから，焦って子どもの本性を損なわないように適切な時期にスタートして，時間の配分や前後のつながりとバランスを考えて段階的に進め，明確な目標に向かうのが大事だ，と言っています．

　授業って長すぎると疲れるし，単調だと退屈です．でも，変化が多すぎると，最初はよくても，だんだん飽きてきます．それに，一度っきりで終わると定着しないし，深まりません．コメニウスは，時間を周期的にとらえて，学習課題を適度に反復し，全体像の把握から細目の理解に向かわせようとします（『大教授学』18章46節，27章５節）．同じトピックを周期的に反復しながら学習を深めていくラセン型カリキュラムですね．そして，心をリラックスさせるためには遊びや娯楽も大事だ，と書いています（同19章49節，『パンパイデイア』７章29節）．

　理性の理は「ことわり」と読みますが，人間は物事を部分に分割して，その関係と成り行きを推測するようにできています．それにフィットして教えられれば，心地よく受けとられるというんです．

森：方法とは秩序であり順序だ，って話しましたけど，『大教授学』には，実際の文章より先に文法を教えたり，全体像をつかませないで部分部分を教えたりするような順序の混乱が，子どもを苦しめている，と言っていますね.

高：順序については，『大教授学』以外でも，いろいろ考察されたようですね.

風：はい．スウェーデンから依頼されて編さんした『言語の最新の方法』という本には，いろんな順序について書いてあります（10章46節）．『大教授学』と合わせてまとめておくと，

　「少ないものを多いものより先に，短いものを長いものより先に，簡単なものを難しいものより先に，単純なものを複雑なものより先に，内容を形式より先に，実例を規則より先に，身近なものを疎遠なものより先に，全般的なものを個別的なものより先に，規則的なものを不規則なものより先に」となりますかね.

　言われてみれば当たり前のようにも思えますが，こうした順序をまったく意識しないでダラダラと話して，聴く側を疲れさせて平気な人って結構いますよね．時間の工夫は，敏速・愉快・着実を三立させるためにも，とても重要です.

高：前にご説明がありましたが，コメニウスは，1日の授業は6時間でよい，と考えていたんですね.

風：仕事と休息のバランスですね．コメニウスは，人間の身体的な条件をよく考えています．教師の説明の書き取りや練習問題や暗記といった作業は必要だが，節度を考えないと逆効果だ，とも書いています（『大教授学』17章34節，『パンパイディア』7章29節）.

森：でも，社会はますます複雑化しているし，グローバリゼーションも進んでますから，授業時間を減らすのは難しいでしょうね.

高：わかりますが，日本人はやっぱり働きすぎだ，と思います．チェコ人としては，モラヴィア出身のコメニウスが今の日本人みたいに分刻みな生き方を考えていた，とは思えないんですが…….

風：貴重なご指摘です．時間の感覚って，時代や社会や個人で異なるでしょうが，日本人も昔からパンクチュアルだったわけではないようですよ．明治になって，鉄道と学校が普及したのが大きいんじゃないか，という説を読んだことがあります．江戸時代の日本人はものすごく時間にルーズだった，という記録もあります．そう考えると，18世紀の産業革命の影響は大きいです．人間が計画した時間で物事が動くようになって，知らないうちに時間に縛られるようになったんですね.

森：それで，ミヒャエル・エンデの『モモ』みたいに，時間のとらえ方を考え直させるような作品も生まれてくるわけですね.

高：今，産業革命のことが出ましたが，コメニウスが教育について考えたのは，それより100年以上も前ですよね．ということは，時間についての考え方も，今とは違うということですか．

風：そうでしょうね．バブル時代の日本の企業戦士みたいに，「24時間，戦えますか」っていう勢いじゃなかったでしょう．でも，空を見れば太陽が規則正しく運行して，世の中を見れば農夫や職人が勤勉に働いているのに，学校は教師の気分次第であまりにも時間の無駄が多くて子どもが気の毒だ，っていう思いから，時間を大事にしよう，って考えたんじゃないでしょうか．

森：でも，基本的には勤勉を勧めたんですよね．

風：自由な教育に憧れて，スケジュールを立てること自体に懐疑的な人がいますが，そういう人には違和感があるでしょうね．ただ，「あらゆる人に教育を」っていった場合，学校に来た子に向かって，教師が「今日何するかまだ考えてない」って言うわけにはいかないでしょう．

高：コメニウスの言っていることは常識的ですよね．それに，工場の時間管理みたいなことを考えていたわけでもないんなら，納得できます．

森：日本にも，「一寸の光陰軽んずべからず」という戒めがあります．古今東西，何かを為した人はただ時間の流れに身を任せていたわけじゃないですね．

風：ここで引いたのは『大教授学』からです（15章6節）．適度な栄養や休息によって健康を保ち，時間を無駄にしないように工夫する，っていう，笑っちゃうくらい単純な話ですが，教職をめざす学生なんかと話していると，意外に重要なポイントなんだと気づかされます（小嘆息）．

高：どうぞご遠慮なく（微笑）．

風：学校の働き方改革は絶対に必要で，チーム学校が言われています．それをテーマに学生たちに議論させると，連携の大切さばっかり話題になります．ところが，自分のコンディションに気をつけるとかスキルを高めるっていう話は，ほとんど出ません．学校現場では，出さないといけない書類にミスが多くて修正に時間がかかったり，締め切りギリギリまで後回したりする教員がいて，教頭先生が疲れ果てて倒れそうだ，なんてことは，意外に想像できないんです．

　時間は誰にでも平等ですが，限りがあります．でも，工夫すれば何倍にも活かせます．制度を変える必要のあることも多々ありますが，自分が変わらないといけない点もあります．何でも他人事じゃいけません．

高：早く仕事を片付けられれば，自分のしたいことができますしね．

▼ 教室は明るく清潔に

高：すっきりされたようです（微笑）．では，次の「物事」にいきましょう．

風：はい（笑）．ここでいう物事って，要するに学習を成り立たせている生徒と教材です．生徒が学習に集中できるような態勢づくりが必要だ，と言っています．

森：もちろんコメニウスよりあとの話ですけど，モチベーションとかですか．

風：モチベーションですかあ（大嘆息）．

高：また，何か吐き出したいことが……．

森：若い子を見ていると略してモチベって言いますが，「モチベが上がんな～い」とかよく使ってますね．

風：はい．息子が小学生の時，ゲームばっかりして勉強しないので，どうしたのかきいたら，「モチベーションが上がんなくてさ」って言うんですよ．小学生がですよ（中嘆息）．

高：で，何を吐き出されたいんですか？

風：そういうフレーズを使う子を見ていると，自分を起動させてくれる何かが心の中にあると思っているようなんです．「そのモチベとかいうの出してみろ」って言いたくなります．それでもわからないと，「じゃあそのモチベとかいうのが上がんなかったら，何もしないの」ってききたくなります．

　いろいろなことの原因を心理的に説明する傾向が強まっているのを，心理主義化っていいます．自己分析が無意味ということはありません．しかし，自分をいくら客観的に分析しても，粘り強くとりくめない自分を反省したり，具体的にどうするかを考えたりという方向には，なかなかならないものです．結局，「説明つきの上手な弁解」で終わることが多いです．いくら弁解のスキルばかり高くなっても，現実の行動が変わらなければ意味がありません．

森：でも，子どもの心にどう働きかけるかは，重要なんじゃないでしょうか．

風：もちろんです．コメニウスの時代は，まだ心理学という分野は未開拓でしたけど，そういうことも考えています．しかし，もっと重要だと考えたのは，学習環境の整備と教材の工夫でした．たとえば，振り返りの習慣をつけるのって大事ですが，コメニウスはそういうことを心がけの問題として説くんじゃなくて，日記を書くように勧めてます．そういう風に，目に見えるレベルや具体的な作業におとすことにこだわっています．

高：それで教室についても書いているわけですね．

風：はい．教室には絵・地図・模型を飾り，校庭では散歩や運動ができるようにして，庭園には草花も植えよう，って書いています．「明るく清潔に」という日常的な環境整備にも触れています（『大教授学』17章17節）．

森：細かいことですが大事ですね．黒板なんか1時間終わるたびにきれいにしないと，次の時間の授業は見づらくなります．でも，こういうことがわかっていない若い先生が多い感じがします．

風：私の印象では，小学校の先生はサービス精神旺盛な人が多いですが，中学，高校といくにしたがって，そうでない先生がちらほらいるように思います．環境整備は基本じゃないでしょうか．

　教職をめざしている学生でも，学校環境衛生基準で，換気，保温，採光，照明，騒音とかに配慮するように定められているのを知らなかったりします．曇ってきて教室が暗いのに，カーテンを閉めたままで気づかないんじゃいけませんね．

▼ 教育の黄金律はできるだけ多くの感覚にさらすことだ

森：感覚的に心地よいっていうことで外せないのは，『世界図絵』ですね．

高：たしかに，『世界図絵』は学習の面白さを感じさせてくれる教科書です．挿絵を見て，そのなかに振ってある番号と照らし合わせて，複数の言語が勉強できるんですものね．

森：『世界図絵』は「動く絵本」でもあった，って知ってびっくりしました．

風：『世界図絵』の天空の章ですね．宇宙の中の地球が描かれているんですが，このページを調べた方が，地球をとりまく太陽や月や星が描かれた天空を手で回せるように作られているのを突きとめたんです．コメニウスはコペルニクスの地動説に反対だったので，その点は残念なんですが……．

📖井ノ口淳三『コメニウス「世界図絵」の異版本』（追手門学院大学出版会，2016）

森：学生時代のコメニウスが，ものすごく高価だったコペルニクスの本を買って，ドイツからチェコまで歩いて帰った，っていう話がありましたけど……．

風：ええ．コメニウスは，当時の科学をよく勉強していたんですが，どうしても地動説には賛成で

『世界図絵』
天空の挿絵

きなかったんですね．でも，ニュートンが出るくらいまでは，宇宙についても，実にいろんな考え方があったんです．デカルトの宇宙論は現代では否定されています．でも，彼が偉大な哲学者であることに変わりはありません．

高：コメニウスが言っていることにも，今では通用しないこともあるでしょう．だからって，すべてが否定されるわけじゃないですよね．『世界図絵』の工夫って，やっぱりすごいですよ．

風：はい．でも，日本でも，似たような教科書が『世界図絵』からたった8年後に出ているんです．京都の儒学者に中村惕斎という人物がいるんですが，文章だけの説明に挿絵をつけたら，家の子どもたちが大喜びして，しばらくすると読み書きができるようになって，それを聞きつけた書店が出版を勧めてできたのが，『訓蒙図彙』という本です．これは江戸時代にずいぶん普及したんです．

森：感覚は教育の黄金律だ，っていうのは洋の東西を問わないってことですね．『パンパイデイア』では，幼児が楽しく文字を学べるようなサイコロ遊びまで考えられています．21世紀になっても，それは変わりませんね．

風：ただ，これも過剰ではいけないと思うんですがね……．

高：また，何かございましたか．

風：大学の授業で名作映画を見せたんです．すると，「白黒で見にくかった．カラーの映像とかないんですか」ってメールが来たんですよ．カラーに加工しろ，っていうんでしょうか（青嘆息）．

森：それじゃあチャップリンや黒澤明なんか見られませんね．

風：私は，「見にくかったかもしれないけど，注意深く見れば，何か気づくことがあると思いますよ」って返したんです．

高：そしたら……．

風：授業アンケートって，学生の人権を保護するために，教員が成績を出したあとに返ってきますが，「先生は一生懸命授業していると思っているでしょう．でも，そういうのってスマートじゃないと思う」って書かれました（赤嘆息）．

森：「教師はどこまでも受益者である学生に寄り添って，いささかも不快な思いはさせてはならない」って言わんばかりですね．学生消費者主義ですね！

風：不愉快で不愉快で酒量が増えまして，

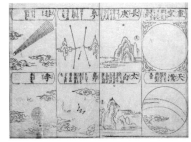

『訓蒙図彙』の天体のページ

妻にたしなめられました.

　すみません. つい……. いや, 私が言いたいのは, コメニウスがいうように感覚を刺激することは大事なんですが, 感覚の刺激ばかりに偏っては, 逆に鈍感になることもある, ということなんです. 白黒なら意味がないとか, 字幕がついてないとわかんないとかじゃねえ.

高：おっしゃるとおりです. 聴覚障害者への配慮や英語学習のためには, 字幕って大事だと思います. でも, パワーポイントによるプレゼンが普及しましたけど, 写真や図を見せればいいってものじゃない, って思うことが多いです. 字が間違ってたり, 順番が滅茶苦茶だったり, 異様に枚数が多かったり, 色がどぎつくて目が疲れたり, 「この人はこれで聴衆に伝わると思っているの」って思います.

風：コメニウスは, 感覚が軽視されていた時代にその重要性を指摘したんであって, 眼目は他の能力とバランスをとって教育することにあります. 物事と言語を結びつけて教えることもそうですし, 対話形式の方が内容に多様性が出て子どもの注意力を引き出すと言って, そうした教科書も編さんしています（『大教授学』19章34節）. もちろん, 長すぎるのはダメだと書いています（同40節）.

教えることは何でも必ず役に立つものとして教える

高：「モチベ」はお嫌いみたいなので, 「動機づけ」についてはどうですか.

風：ご配慮感謝です（薄笑）. 学習は, 友だちがやっているとか, 将来のキャリアに有利そう, といった動機でとりくまれることがあります. しかし, 最強の動機はとりくもうとしている課題そのものが面白いということです. 「勉強は所詮つまんないもんだから, 何とかうまくその気にさせて」っていう親や教師は, 実は学習そのものの面白さを感じてこなかった, っていうことだろうと思います. コメニウスは, どんな学習でもその意義を理解させるように求めています（『大教授学』17章44節, 20章16節）.

高：日本の学校では, 各授業の最初に「めあて」を板書しますね.

森：でも, 形骸化してます. 教育実習生の授業を見たことがあるんですが, 残念ながら緊張していてうまくいきませんでした. それなのに, 授業の最後で「めあて」を指さして子どもたちに「これこれについて勉強してわかりました」って言わせていました. 驚きましたけど, そうするように教えられたんでしょうね.

高：学校の授業に対する典型的な不満って, 「こんなことして何の意味があるんだろう？」ですよね.

風：コメニウス的にいえば，「Aについて学べば，こういうことがわかる，こういうことができる」ってことを教師がリアルに語ることです．そこは教科書に書かれることじゃないですから，教師の勝負のしどころです．

森：でも，学んだことの意味ってあとでわかることが多くないですか．

風：おっしゃるとおりです．だから，先に生まれた人間の経験談が大事なんじゃないでしょうか．成功談がいいですが，「若い時に頑張っておけばよかった」っていう失敗談でもいいと思いますよ．

理論・実践・応用，あるいは指示・実例・使用を通して学ぶのだ

森：わかるんですが，私が思うのは，教師にも，「学校の勉強は社会ではあまり役に立たない」って思っている節があるように思うんです．それだと本当には学習の意義を語れないですよね．

風：するどいですね．ここは，コメニウスが再評価されるべきポイントです．彼のモットーに「理論・実践・応用」，または「指示・実例・使用」があります．簡単にいうと，理論は説明を聞いて理解し，実践はそれで問題を解いたりすることです．社会でも，理論と実践をセットで考えることが多いです．しかし，もうひとつ応用という段階をいうんです．ここでいう応用とは，学んだことや気づいたことを生活や別の分野に関連づけることです．コメニウスはここまでやって，やっといちおうの完成だと考えています（『パンパイデイア』7章22節）．

高：学校の授業ってほとんどは理論の説明で終わっちゃって，よくて問題練習くらいまでですよね．

森：学習したことを何に活かせるかを考えて試せたら，もっと学習の意義を感じられるでしょうね．

風：私は，無条件に役立つことってそうはないと思うんです．実際に，世の中で役立っているものって，「何の役に立つんだ」と思われていたことを，誰かが工夫して実際に「役立てた」おかげじゃないでしょうか．コメニウスのいう応用を意識すれば，いろんな物事を活かせるようになると思います．

高：応用ってどうすれば意識できるんでしょう．

風：コメニウスは，説明と理解の段階として「分析・総合・類比」をあげています．ある問題をあつかうときも，個々の要素に分解して全体の構造を考えて終わることが多いですね．類比というのは，他と比較することです．これは物事の認識を無限に増大させる，と言っています．コメニウスは，プラトンの哲学の影響

を受けているので，さらに物事を成り立たせているイデアを考えて，それを把握できれば，的確に物事の判断ができるとも書いています．

高：でも，応用の段階まで学校でするのは難しくないですか．

風：以前，コメニウスが人生を8段階の学校にたとえたという話をしましたが，人生という範囲では，社会に出る壮年期からが本格的な応用の段階です．しかし，学習したことを活かす作業は，それ以前の時期にも考えられています．ここでも学習は直線的ではなく周期的に考えられているんです．

森：『大教授学』では，高等教育の総仕上げに，口頭試問のあとで旅行することを勧めていますね（30章14節）．これなんか，学習したことの応用ですね．

風：『パンパイデイア』では，将来の進路選択の前にアポデミアという留学の期間をおくように提案しています（12章9節）．日本は世界のなかでは安全安心な国だと思いますが，親や教師や国が何でも先走って決めてしまうので，迷った末に自分で決めるような体験がほとんどできません．私は，学習を応用する最も有効な機会は留学だと思います．

高：EUではエラスムス・プログラムというのがあって，大学生は一定期間を母校以外の国の大学で学ぶようになっています．チェコ人としては「コメニウス・プログラム」に名称変更してもらいたいです（笑）．

 ## 同時に一斉に役立つことを教える

森：学生時代，コメニウスは一斉授業の祖だって習いました．でも，そんなに単純じゃないんですね．

風：江戸時代の寺子屋では，いろんな進度の子どもを受け入れていました．だから，個人指導方式だったんです．明治になって学校制度ができた時，すべての子どもに平等に教えるために，子どもを学年に分けて組織化して，一人の教師が教える，というスタイルがとりいれられたんです．

森：でも，子どもの理解度は違うわけですから，それを無視して一斉に教えるっていうのはよくない，って考えられたんですよね．

風：そうです．19世紀の終わりから，学校中心・教師中心の教育を批判した新教育という運動が起きましたが，そこで批判の的になったのが一斉授業です．

高：でも，働き方改革の話も出ましたが，完全な個別指導ってコスト的にも無理じゃないでしょうか．フィンランド命の学生の話もありましたが，もし実現しようとすれば，無駄は徹底してカットしてもらった上で，増税を受け入れないとい

けませんよ．限られた教員数で何とかしろ，っていうのはあり得ません．

森：ところで一斉授業ってそんなに悪いですか？　結構メリットもありますよ．

風：どうぞお聞かせください（小嬉）．

森：まず，限られた予算と時間で教育をしようという場合，効率的なのは認めていいでしょう．

　それよりも私がいいと思ったのは，子ども同士の関係です．いつも静かにしている生徒が素晴らしい質問なんかすると，それに刺激されてクラス全体が活気づくことだってあります．ロシアの心理学者のレフ・ヴィゴツキーでしたか，子ども同士の作用によって発達は引き出される，って言ってますよね．

風：「発達の最近接領域」って言葉はもちろん使ってませんけど，『大教授学』には，おっしゃったのと同じことが書いてあります（19章16節）．トランシルヴァニアの学校運営のために書かれた『パンソフィア学校の輪郭』には，学習課題は中程度の学力に合わせるようにと書かれています（55節）．そうすれば，進度が速い子も遅い子も一緒にできるというんです．こういうところにも，子どもの心に働きかけるというよりは，子どもの注意力や競争心が引き出されるような，目に見える仕組みを考えていたのが読みとれます．

高：ドライ派の私は（微笑），何の反対もないんですが，子どもの多様性を無視して一律に同じ教育をすることが，もうとんでもない，っていう意見もあります．

風：そういう人には，「人間は一人ひとり違うんだ」という強い思いがあります．でも，違いって何でわかるんでしょう？

高：他と比べられた時です（断言）．

森：私も，それは認めざるを得ないと思います．比べられるのって嫌な時もあります．私なんか跳び箱が苦手で，いつも男の子にからかわれていました．でも，それで自分の得手不得手がわかりました．

高：完全オンデマンドの教育が実現できて，本当に個性的な教育ができるとは思えないですね．

風：私は，もしそういう教育が行われたら，逆に人間の違いの隠ぺいではないかと思いますよ．コメニウスの場合，一斉授業って個性の無視じゃなくて，子どもの可能性を平等に認めるところから発想されているんです．『パンソフィア学校の輪郭』にはこう書いてあります（53節）．

　　「教師は太陽のように世界の最高の位置に立ち，あらゆる者に教材という光線を一度にかつ一斉に送り，等しく照らすことができるようにするのだ．」

森：教師が子どもの間を歩いて回るのを机間巡視^{きかんじゅんし}って呼びますね．いかめしい言葉で好きじゃありませんが，コメニウスはあまり推奨しないんですか．

風：特定の子どもを特別扱いすることになるからってことで，勧めていません．実際，崩壊に近い学級だと，教師が騒いでる子どもの方に行くと，別のところが騒々しくなったりしてモグラたたきみたいになります．個別対応がいらないってことはないでしょうが，それほど万能じゃないと思います．

高：違いを尊重するっていうのはわかります．でも，ある程度は共通じゃないと困ります．「私は丑^{うし}年なので信号が赤の時に前進します」ってやられたら，日本じゅう交通事故だらけです．

風：絶好調ですね（笑）．一斉授業には一定の意味があるわけですが，コメニウスが「役立つことを」を教えると言っているのは見過ごしちゃいけないです．一斉授業が退屈なのって，教師の話がつまらないのが原因説超濃厚ですよ（苦笑）．

 ## 多様性によって判断力や言語力を養い強めるのだ

森：コメニウスって，いろんな教育方法を組み合わせているんですよね．

風：一斉授業で子どもを同じように教育しようとした，っていうのは大なる誤解です（怒）．スウェーデンに頼まれて書いた本には，「教えられるものは何でも，多様で心地よいものをとりいれて緩和せよ」と書いています（『言語の最新の方法』10章規則173）．

高：日本の学校の授業では，班にわかれて話し合う時間がありますけど，コメニウスも同じようなことを言っていますね．十人組っていうんですか．組長って名前が怖いですね（笑）．

風：古代ローマ由来なんですけどね．コメニウスは，一斉授業で説明したあとに質問を受けつけるように勧めています．全員に役立つような質問をした子は誉めるようにとか，細かく書いています．そして，十人に分かれたチームに組長をおいて，学習進度をチェックしたりするように，といいます．

森：19世紀のイギリスで，似たような教育方法が考えられたんでしたね．

風：モニトリアル・システムですね．大勢の子どもたちに効率よく教えるために，ベンチに座らせた子どものうちで出来のよい子をモニターにします．日本語では助教と訳されています．そして，助教が指導をして学習を進めるんですね．ただ，この場合，教師はほとんど教えていないに等しいので，一斉授業とはいえません．コメニウスは，一斉授業と班活動を組み合わせています．

高：班活動には，どのくらいウェイトがおかれていたんでしょうか．

風：一斉授業のあと，たとえば作文を作ります．それを十人組で披露しあいます．子どもがちゃんととりくめば作文は全部別々のものができます．間違いもあるでしょう．でも，その違いが大事なんだと言います．なぜかというと，いろんな文に触れることで，判断力や言語力が高まるからです（『大教授学』19章27節）．先ほどの理論・実践・応用でいえば，一斉授業が理論ですから，班活動は実践や応用に進むための場面になります．コメニウスは，子ども一人ひとりが違うことをよく認識していて，それが作用しあうことで思慮深さが身につくと見ていました．

森：一斉授業では教師が表に出るわけですが，班活動では子どもが主人公になるわけですね．

風：コメニウスは教師を太陽にたとえていますが，一斉授業は子どもが教師によって照らされる場面です．班活動は，光を受けた子どもたちが立場を変えて，今度は自分たちが光を出す場面です．

高：なるほど．受動的な状態から能動的になることが求められるわけですね．日本では，アクティブラーニングがもてはやされてますが，それと似たようなことを言っていたんですか．

風：アクティブラーニングですかあ……．

高：また，地雷を踏んじゃいましたか（憐笑）．どうぞご遠慮なく．

風：急にアクティブラーニングっていわれるようになりましたけど，日本の学校は班活動をしていて，話し合い学習なら何十年もやっているわけです．現場の教師からも疑問が出て，「主体的で対話的で深い学び」っていう表現に変わりました．まだ，この方がよかったと思います．英語のラーンって，日本語では「習う」に近くて，どちらかといえば受動的な活動を指します．それに対して，能動的な活動がスタディです．アクティブとラーンってマッチしないんですよ（嘆息）．

森：甥っ子が大学生なんですが，小学校から話し合い学習をやっていて，皆，飽きがきてる，って言ってました．大学生になると積極的に議論するのは一部の学生で，上手にサボって丸投げするフリーライダーが問題になっているそうです．それに，知識が定着していないと，すごくレベルの低い話し合いで，何の工夫もない結論で終わっちゃうそうです．「教育は結局は人間性だ」とか．

高：チェコへの留学希望の学生と話す機会があるんですが，日本人の学生はわかるまできかないんです．よくても1回だけ質問して，「ありがとうございます」って言ったら終わりです．「本当にわかろうって思っていないんじゃないか」，「アリバイ的に質問してるのかな」って思っちゃいます．

「受けて立とう！」

風：議論や討論はヨーロッパの教育では何も新しいものではありません．中等教育では学習内容が多いと考えたのか，コメニウスは休み時間などにくじ引きで司会を決めて議論するように勧めています．そして，司会があたった者は断ってはいけない，って釘を刺しています（『大教授学』18章47節）．「フリーライダーは許さない」っていう，教師コメニウスの執念だったかもしれません（微笑）．

　　高等教育段階では集団討論を勧めています．これは，あらかじめテキストを宿題に出しておいて，午前中に教授が説明し，午後に討論をするというふうに進めます（『大教授学』30章11節）．今，学生に宿題を出しておいて授業では議論をする反転授業っていうのがもてはやされていますが，これも昔からあるんです．

 ## 何を学ぶにも，考え，述べ，行うことだ

高：『大教授学』や『世界図絵』ばかりが知られていますけど，「知恵の三角形」って，皆に知ってほしい素晴らしいアイデアだと思います．

風：最初にお話ししたように，コメニウスは，人間には３つのレベルの生得的な能力があると認めています．復習しますと，知って考える理性という側面，認識や意図を表現する言語力という側面，そして，意図を形にする行動力という側面ですね．これは，「頭と舌と手」と言い換えられています．死後に出版された作品には，頭と舌と手が物事をがっちりはさみこんで知恵が実現されるというイメージが図案化されています．

　　ラテン語で理解するはサペレ，行動するはアゲレ，話すはロクィですが，この３つの頭文字を組み合わせるとサルってなります．それは英語のソルトの語源で「塩」を意味する，なんて語呂合わせまで書いて，この３つは「人生の塩だ」って言っています．

森：教育史の有名人といえばスイスのペスタロッチですけど，「心と頭と手」というモットーがありますね．英語でHeart，Head，Handなので3Hというんだ，と教えられた覚えがあります．

高：コメニウス・オタク，失礼しました（汗）．コメニウスのエキスパートとし

て，何かおっしゃりたいことがおありでは
（微笑）．

風：（意に介さず）では，またまた失礼して．
　「心ってどこにありますか」ってきかれ
たら，何て答えられますか？

森：胸に手を当てる人が多いですが，心臓
に心があるわけじゃないですよね．

高：メンタルな作用は，すべて脳で起きて
いるはずです．

風：でも，ペスタロッチに限らず，頭と心，
理性と心情とか分けて考える発想がありま
す．そこで，心は何らかの実体として想定

知恵の三角形
『普遍的三相法』（1681年刊）より

されています．この背景には，理性は，計算高くて冷たくて，道徳性とは両立し
ない，という見方があるんでしょう．

高：それで，どういう問題がありますか．

風：教育の課題として，頭の教育と手の教育は分かりますが，心の教育ってどう
ですか？

森：道徳が「特別の教科」になりましたが，心は教育できるのか，ってことは議
論になりましたね．

風：心っていう目に見えないことを実体化すると，それをあつかった教育って
いっても，結局は心構えの問題になっちゃいませんか？

高：発言や行動に結びつかない道徳は意味がない，ってコメニウスは考えていた
んでしたね．作っていただいた表で，道徳性は手や行動力と対応していましたね．

風：コメニウスは，人間の内面性を無視していません．でも，考えたことや感じ
たことを表現できる能力があるのに，それを発揮しないのは不自然だと考えたん
ですね．道徳も必要だと考えていましたが，心構えの話に終わるんじゃ無意味だ
と考えたんです．

高：「こうした方がよいと思ってもそうできない」ってことはあると思います．
だから，行動に移せないからって，すぐに批判するのはよくないでしょう．でも，
心がけで終わってはいけませんよね．私はエビデンス派なので（微笑），やっぱり
コメニウスのドライな考え方がいいですね．

風：道徳に関する知識を学ぶことには意味があるでしょう．でも，教師も子ども
の心の底は見えません．だから，「わかりましたか」って確認を繰り返すことに

なります．すると，子どもはどうしても面倒くさくなりますから，本当にそう思っていなくても，「そう思ったことにしておく」っていう反応をして，それが習慣化していきます．結果として身につくのは，その場その場で求められる道徳的な判断じゃなくて，「従順になること」ってことになりませんか？

森：従順さって，時には必要ですし，そのおかげで日本の社会が安定しているってこともあるでしょう．でも，そう思ってないのに従うって，結局は偽善です．

風：道徳に限りませんが，どうやって「学んだふり」で終わらせないかってことが肝心です．私は，けっこうな数の子どもたちが，実はあんまり学んではいなくて，「学んだふりをすることを学んでいるんじゃないか」って思えてなりません．私は，コメニウスのとらえ方は，不確かな根拠で教育が進められるリスクが低くて，理にかなったものだと思います．

学校が遊びと呼ばれるのには理由がある

森：コメニウスというと，『世界図絵』ばかりが注目されますが，教材の工夫ということでは，それに負けないくらい大きな仕事をしています．

高：学校劇ですね．ただ，学校劇はイエズス会の学校でも行われてましたよね．

風：よくご存知ですね．コメニウスはいくつかの台本を書いて上演していますけど，もっとも有名なのは，トランシルヴァニアで上演した学校劇ですね．これは学校を舞台にした学校劇なんです．

森：どういう意味ですか．

『遊戯学校』の上演風景
（20世紀に描かれた想像図）
プシェロフ・コメニウス博物館

風：コメニウスは，人間・自然・社会と語学を同時に学べる『開かれた言語の扉』という教科書で成功しましたよね．そして，この教科書をもとに書かれたのが『遊戯学校』という脚本なんです．ごく簡単にいうと，世界中に探索に行った登場人物が王様のところにやってきて報告する，っていう筋書きです．学習がテーマになった劇といえます．全部で8部からなりますが，第4部は学校をあつかっていて，劇の中で音楽

の授業なんかを実際にやります．そのなかには，教授学者が登場してきて，今日のテーマになっているような教育方法について語っていたりしていて，なかなか面白いんですよ．

森：自分の主張を子どもに演じさせて，それを見ていたんでしょうか（微笑）．

高：「もっと貫録を出して！」とか演出してたりして（笑）．

風：最初は教師と学生だけでやったようですが，学生たちが大喜びして続きが作られて，次に上演した時は，親たちもたくさん来たんで，屋外で行われたんです．大公妃が来た時にはお城で上演されたという記録があります．全員参加できるように登場人物はかなり多いです．ちなみに，孫悟空５人とかいうことはありません（皮肉笑）．配役は生徒の進度や生徒同士の話し合いで決まります．

高：「遊戯」っていう言葉に，コメニウスは相当の思い入れがあったようですね．

風：古代ギリシアでは，大勢の奴隷の犠牲の上に市民たちが暮らしていたわけですが，彼らは働く必要がないので，時間を趣味的に使っていたんですね．その自由な時間をスコレーといったんです．閑暇（かんか）とか訳します．学問もスコレーがあってできるわけですが，そこから学校を意味するスコラやスクールという言葉もできたんです（『パンパイデイア』7章30節）．『遊戯学校』っていうタイトルは，「学校を遊びの場に」っていう思いが込められているんでしょう．

高：ちょっとブラックユーモア的な気が……．学校はヒマじゃないですよ．

森：でも，やっぱりコメニウスなりの，独自な意義づけがあるんじゃないですか．

風：『遊戯学校』では，遊戯の要件を７つあげています．運動，自発性，仲間，競争，秩序，容易さ，目的です（献辞）．遊びが本格的に研究されるようになったのは20世紀になってからですが，言ってることは古くないと思いますよ．

高：ゲーム機ばかりで育っちゃうと，競争とか秩序とか目的って，遊びと結びつかないかもしれませんが，私はなんだか懐かしくなってきます．

風：野球をしようと思ったけど，人数が足りないのでセカンドをなくしてやるとか，子どもたちは自分でルールを考え出して，それに従って遊びます．これは自由で立派な秩序です．

森：『遊戯学校』って，遊びの原理を学校で実現しようとした試みなわけですね．

高：ヨーロッパの学校では，演劇は教科になっているところも多いです．日本の学校の学習発表会はちょっと省エネ過ぎで，見る方も全然面白くありません．

森：私は，プラハの日本人学校の学習発表会を見たことがありますが，市内の劇場を借りて，先生も生徒も時間をかけて準備して，その様子が頭に残っています．オペラって総合芸術ですけど，演劇は学習の集大成として大事ですよね．

風：コメニウスが，学習は理論・実践・応用にわたらなければならない，と言ったという話をしましたが，彼が書いた『開かれた言語の扉』を使った通常の学習は理論にあたりますが，『遊戯学校』はその実践といえます……．

　はい，エビデンスですね（笑）．

高：お察しのとおりです（笑）．

風：『遊戯学校』の副題に，『言語の扉』の「舞台実践」と書いてあります．教室での学習で使うのは主に頭ですが，『遊戯学校』の場合，子どもたちは教科書で学んだことを覚えて，それを言葉と身体で表現するように求められます．これは，頭と舌と手という3つの能力を発揮できる工夫だといえますね．

高：コメニウスが「学校を遊びに」っていう場合の遊びって，遊びは遊びでも真剣な遊びですね．

風：スポーツも芸術も，人間が生きるために絶対に必要かといえば，そうはいえないでしょう．その意味では遊びです．でも，そのことに人生をかけている真剣な人たちの姿が胸を打ちます．そうした人たちに脈打っている全身全霊な遊びの精神が，教育や学習にも浸み込んでいったらいいなと思いますね．

▼ 哲学的な厳格さではなく民衆的なやり方で

森：教材や学習課題の工夫が大事だってことが，改めてわかりました．でも，コメニウスは子どもの心への働きかけについても考えていた，っておっしゃいましたね．そこもお聞きしたいです．

風：19世紀の終わりから心理学の研究が進んで，その成果が教育にも応用されています．それと似たようなことと突き合わせても，時代遅れだ，ってことで終わっちゃいますから，違う角度でお話ししましょう．コメニウスは「民衆的なやり方」を勧めているんです（『パンパイデイア』7章26節）．

高：どういう意味ですか？

風：ここで民衆的と対置されているのは哲学的です．哲学的っていうのは，教条的って言い換えていいかと思います．お2人は相手を何かに誘おうとするとき，どんな風に働きかけられますか？

高：コンサートだったら，プログラムやアーティストの良さを説明するでしょう．

森：ショッピングだったら，お値打ちだとかをアピールしますね．

風：コンサートやショッピングなら，あまり軋轢が起きないでしょうが，子どもに勉強させようという場合はどうでしょう．

高：その勉強をする意味を説明しますけど，うまくいかないことの何と多いことか（嘆息）．

森：「今頑張っておかないとあとで後悔するから」とか，ちょっと脅しっぽくなっちゃいますね．

風：「哲学的な厳格さ」ってそのことなんです．真剣に誘おうとするほど理屈っぽく一方的になります．コメニウスは，「何らかの力を知能にもちこんだりおびやかしたりして怖れさせる」のは，よくない，って書いています．勉強しなきゃいけない理由をあげるだけなら，子どもが理性的に判断する材料を提供しているわけですから，まだいいでしょう．でも，往々にして親や教師の立場から威圧的に言うことをきかせようとする場合がありますよね．

森：哲学的っていうのは，別に学者さんのことだけじゃないわけですね．

風：いや，大学でもパワハラってなくなりませんからね．「僕らのいうことをきいておいた方があなたの将来にとっていいと思います」とか言うご仁がいます．

高：ちょっと不穏な感じがするのできかないでおきます……．それで，民衆的っていうのは？

風：哲学的なのが独白的なのに対して，民衆的なやり方とは，内部の光を呼び覚まして火がつくように勧誘，説得，激励することだ，って書いています．

森：それ，わかります……．もう30年以上も前のことですけど，仕事でうまくいかなくて家に向かってとぼとぼ歩いてたことがあったんです．そしたら，お惣菜屋のおばさんが，「どうしたの，頑張ってね」って声をかけてくれたんです．それだけなんですが，「切り替えて頑張ろう」って思えたんです．

高：でも，今の若い子って，勧誘・説得・激励って，うっとうしく感じるんじゃないですか．

森：親や教師の激励って，どうしても立場的な力が入っちゃうんじゃないでしょうか．別に哲学者じゃなくても……．

風：今のお惣菜屋さんの話は，わかりやすいですね．何の利害関係もなく，真心で言ってくれた言葉って響きますよね．でも，親や教師だって，しつこすぎず理屈っぽすぎないように言えば，もう少し伝わるんじゃないでしょうか．私も反省することばかりですけど（恥）．

高：「内部の光を呼び覚まして火がつくように」っていうのは，いい表現ですね．

風：私もそう思います．たき火を起こすとき，息を吹きかけますよね．まだ細くて弱い火に思いっきりフーッてやっちゃうと，火は消えてしまいます．顔も灰だらけになったりして……．息を殺して慎重にしないといけないですが，こういう

ところを読んでも，コメニウスは，「いろいろやっても結果が出なけりゃ意味がない」って厳しく考えていたんだと思います．

森：今は，少子化が進んで，子育てについてずいぶん勉強している親御さんが多いですよね．カウンセラーばりに詳しかったりします．でも，かえって知識が多いせいで，子どもへの関わり方に自信が持てない，という話も聞きます．

風：民衆的っていう言葉にも，ありのままで飾らないっていうニュアンスがあるんじゃないでしょうか．本を読んで関わり方を考えるのもいいと思いますが，かえって作為的になって，それが伝わっちゃうこともあるでしょう．

森：やっぱり，「本当に実体的な言葉」が大事ですね．

高：コメニウスは高貴な生まれでもないし，両親を早くに失って戦争で母国を離れたりして，辛酸をなめましたが，だからこそこういう見方ができたんでしょう．

風：地位や立場で従わせようというやり方に対しては，怒りにも似た感情をもっています．『世界図絵』のように子どもを感覚に触れさせるっていうアイデアも，それと関連しています．

高：やはり，エビデンスを（笑）．

風：「権威のみで教えないこと」と言っています（『大教授学』18章28節）．それで感覚と理性に訴えるように勧めるわけですが，『世界図絵』があれば，極端な話し教師いらずです．

　教育っていうのは，文字が発明される前は師匠から弟子への口伝（くでん）で，印刷術が発明されるまでは師匠の教えを筆写することが学習でした．そこで師匠には絶対的な権力があったわけです．『世界図絵』は，教育を権威的な人間関係から解放して，「いつでも・どこでも」学べるようにした大発明だったんです．

高：ユビキタスですね！

森：今日は，実際に教壇に立っている先生方にも基本を見直すのに役立つポイントがたくさんあったと思います．コメニウスの提案を意識すれば，教室っていう空間に張りが出て，明るくなると思います．

高：コメニウスは「教授学の祖」って言われてますが，何も子どもを無理やり学校に縛りつけようというのでもなかったことがわかったのも，収穫でした．

風：そういっていただけると，準備した甲斐がありました．愚痴も聞いてもらってスッキリしました（笑）．

森：たしなめられない程度に，「愉快に」飲んでください．

高：私は疲れたので，「敏速に」飲んで休みます．

風：私は弱いので，「着実に」酔えます．では！

IX 教育と力

——暴力なくば，すべては自ずと流れ出す

森：何回か話に出ていますが，教育に限らず，若い人に何かを働きかけようとすると，「強制はよくない」って返ってきます．誰でも，自分が強制している，って思われるのでは嫌ですから，そう言われると踏み込めなくなっちゃいます．結果，微妙な間合いをとってお互いが疲れることが多くなっていると思うんです．

風：コメニウスは，50歳半ばを過ぎたころから，「暴力なくば，すべては自ずと流れ出す」というモットーを掲げるようになります．『世界図絵』の扉にも教授学の全集の第3巻にも，載っています．今のお話は，この言葉と関連しますね．

高：どういう意味ですか．

風：ここで暴力と訳しているのは英語のバイオレンスの語源のラテン語のヴィオレンティアです．強制と訳してもOKでしょう．直訳調に訳し直すと，「物事から強制がなくなったら，すべてが自発的に流れ出すだろうに」でしょうか．コメニウスの願望が書かれています．

森：コメニウスは，人間に理性と言語力と行動力っていう3つの生得的な能力を認めていた，ってことでしたけど，この言葉もそこから来ているわけですね．

高：人間には可能性があるから，押しつけなくてよい，ということですね．

森：でも，何も働きかけないで，自発的に流れ出すってことがあるでしょうか．

高：何も，とは言っていないでしょ．「強制がなければ」ですから，強制じゃない働きかけならいいし，むしろ必要だ，って考えていたんじゃないですか．

風：素晴らしいやりとりです（笑）．

高：しかし，どこまでが強制でどこからは強制じゃないか，って線引きは難しいですよ．とくに，日本人は人間関係を気にしますからね．ここ数年，ハラスメントって言葉がものすごく使われていますね．

森：ニュースを見ていたら，退職したいと

『教授学著作全集』第3巻表紙

いう部下を上司が思いとどまるように説得したのが，慰留ハラスメントって呼ばれている，って知って，驚きました．人手不足で失業率は下がっているんで，転職しやすくなってるかもしれませんが，それじゃあ上司はどうしたらいいんでしょう．

風：これは教育でいう「指導と放任」というテーマに関連します．一方の極には，親や教師が方針を決めて引っ張っていく「指導」という関わりがあります．その反対の極には，子どもがなるがままに任せる「放任」があるわけです．もちろん，これは二者択一の問題ではありません．

高：そりゃそうです．赤ちゃんに「ご自由にどうぞ」なんていってたら，誰も今まで生き残っていませんよ．でも，逆に，思春期になってもうるさく言っていたら，ウザがられるばかりです．何でもTPOですよ．

風：それでも，親も教師も指導と放任の両極端の間で悩むんですね．

　ヨーロッパではだいたい18世紀頃，子どもはどうにでもできるような対象ではなくて，独自の本性をもった存在だと考えられるようになります．ルソーが教育をテーマに書いた小説の『エミール』の影響は，実に大きいものがありました．

森：ルソーは，外からの働きかけは子どもの自然が発展してくるのを待って行うべきだと言って，「消極教育」を説いた，って習いました．

高：でも，ルソーは5人の子どもを孤児院に送っていますよね．この時代には多かったことらしいですけど，言行が見事に食い違ってますね．

風：仕えた貴族の奥方に恋しちゃって拒否されたり，自由奔放な人ですね．

　でも，19世紀後半に普及した学校教育が硬直したものだったので，ルソーの主張は再評価されて，それは新教育という運動につながっていきます．さまざまな主張がありますが，その共通点は子どもの主体性を重んじることです．

森：前に話に出た児童中心主義ですね．

風：児童中心主義の代表格は，イギリスのアレクサンダー・ニールですかね．彼のモットーは，「子どもたちは強制よりも自由を与えることで最もよく学ぶ」ですが，一切の校則がなく，何でも生徒の自主性に委ねる学校を設けたんですね．

　　📖堀真一郎『ニイルと自由な子どもたち──サマーヒルの理論と実際』（黎明書房，1999）

高：それでうまくいってるんですか．

風：私立学校として運営されてます．ニールの考え方に賛同する親などが支えていて，多くはその子どもが通っているわけですから，教育方針については納得ずくなんでしょう．でも，何でも皆が納得するまで話し合って決めるのは，大変だと思いますね．先生方は偉いと思いますけどね．

教わる準備がないのに教え始めてはならない

高：ルソーやニールと比べて，コメニウスはどのくらいの働きかけまではよいと考えていたんですか？

風：教育分野には新教育にシンパシーの強い人が多いですが，「コメニウスは過去の人」っていう思い込みが先に立っていることが多いです．思いのたけをぶちまけさせていただければ……．

森：どうぞご存分に（笑）．

風：スウェーデンに依頼されて書いた教科書には，178も規則があげてあって「ゲッ」となりますが，教育は子どもの準備状況に応じて行うべき，とはっきり書いています（『言語の最新の方法』10章規則29）．「教わる支度をしている者を待たせてはならない」（規則30），「うまく勧められないなら着手してはならない」（規則31）とも書いています．体罰や激しい刑罰が日常茶飯事だった時代としては，画期的な指示だと思います．

高：今言われたのは，コメニウスのいう「理論・実践・応用」でいうと理論にあたるでしょうか．実践や応用としては，どんなことを提案したんですか．

森：コメニウス的な発想法が伝染してきたみたいですね（笑）．

風：前回お話しした教材や作業の順序の工夫は，子どもが学習に臨む準備態勢，つまりはレディネスをとらえて，心地よく学習させようというものです．

森：ルソーの消極教育はよく「待つレディネス」で，それに対して子どもに積極的に仕掛けていこうというのを「創るレディネス」っていうようですが，コメニウスはどっちなんでしょう．

風：コメニウスは，一人でも多くの人間がその可能性を開くことを望んでいますから，どちらかといえば創るレディネス派といえます．でも，その働きかけ方が威圧的にならないように，最大限の注意を払うように求めているんです．

高：教材の工夫でいえば，『遊戯学校』なんかはその代表例ですよね．

風：『遊戯学校』は，トランシルヴァニアで上演されたあとで，オランダで印刷されました．首都のアムステルダムは，その時代の最も自由な街と言われていました．献辞には，ちょっとヨイショしていると思うんですが，自由な街にふさわしい自由な教育を提案するということで，「暴力なくば，すべては自ずと流れ出す」というモットーを掲げたと書いています．

強いられて遊ぶ者など誰もいない

高：遊びは自発性の現われで，そこにこそ人間らしさがある，というんですね．

森：でも，引っ込み思案の子にとっては，劇って苦痛ですよね．子どもによって
は強制って受けとられるんじゃないでしょうか．

高：そんなことを言っていたら，何もできませんよ．

森：私もそう思うんですけど，子どもの学習権には教材の選択も含まれると主張
する人もいますよ．

高：親が赤ちゃんに，自分たちの母語で教育してよいかの合意はとれないでしょ
う，っていう話が出ましたが，子どもはある決まった時代の決まった社会に生ま
れてきて，最初はほとんど何もできません．その社会の言語や文化をある程度身
につけて，それから意見も言えるようになるわけですから……．

風：学生と話してると，そういうことで引っかかる子って結構いるんです．リベ
ラリストで別に構わないんですが，突きつめて考えようとしないんですね……．

高：今日もご遠慮なく（微笑）．

風：大したことではないんですが，その学生は，宗教は自由だから，子どもがあ
る年齢になるまで宗教的な体験をさせないようにすべきだ，っていうんですね．
それで，「完全に無色透明の教育ってできると思う？」ってきいたんです．初詣
禁止，クリスマス禁止，七五三禁止，墓参り禁止ってなるよ，って言うと，そ
ういうのはいいんだって言うんです．すごく場当たり的で，不徹底なんですね．

高：歌舞伎役者の家に生まれた子が跡を継ぐように求められて，なかにはそれが
受け入れられない子もいるかもしれないけど，大人になって納得してから稽古を
始めるってことにしたら，子役なんかいなくなっちゃうし，芸のレベルは維持で
きないでしょう．

森：芥川龍之介の小説の『河童』でしたね．河童の世界ではお腹のなかにいる子
どもが生まれくるかどうか決められるようになってるって．でも，人間は時代や
社会を決めて生まれてこられるわけじゃないですからね．

風：20世紀後半から価値観の多様化が進んで，自分が納得のいく選択をしたいっ
ていう欲求が高まっています．子どもの選択を尊重しないといけない，って考え
る親も増えています．逆に，伝統的な価値観の危機だと感じる大人もいます．
　私は，子どもにできる限り将来選択の可能性を提供することが望ましいとは思
いますが，完全に無色透明で，あとからどういう進路をとりたくなってもOKな

教育をデザインするなんて，不可能だと思いますよ．自分がリベラル派だと思う人は，伝統的な教育を抑圧的だと決めつける傾向がありますが，リベラリズムだってアメリカや西ヨーロッパに特有な価値観だともいえます．

高：イギリスに移民したイスラム教徒が，娘に水泳の授業とかを受けさせないっていうんで，学校とトラブルになった話がありましたね．

森：学校としては，泳げなきゃ体力がつかないだけじゃなくて，川に落ちたりしたら自分で命を守れないだろう，っていう考えもあったと思います．つくづく難しい問題ですね．その学校の校長は辞任したんですよね．

　　🖙宮寺晃夫『現代イギリス教育哲学の展開──多元的社会への教育』(勁草書房，1997)

風：話が大きくなっちゃいましたが，移民問題は政治的・経済的な背景だけで進んでいって，あとから教育現場にしわ寄せがいくわけです．問題を丸投げされる当事者は大変です．政治や宗教の国際的なレベルでの対話が必要だと思います．

　話を戻すとですね，たとえば，学級で大縄をしよう，って担任教員が提案する場合，当然，縄跳びが苦手な子もいるわけです．話し合うのは大事ですが，全員が心の底から納得しないと何もしてはいけない，ってことはあり得ないでしょう．では，どうするか，ですが……．

高：演劇でも大縄でも，その意義を教師がよく話すことですね．

森：そして，教師っていう立場で上から目線でいくんじゃなくて，民衆的に励ますってことですね．

風：お2人とも「着実」にコメニウス化してますね (笑)．そのうえで，苦手だという子には，縄を回す役とか計測係をするように提案してもいいでしょうね．

　私も，今は図々しいくらいですが，小さい時は泣き虫で，幼稚園の時の劇は樹木の役だったですね．小学校6年生の時は，『走れメロス』のメロスを止めるおじいさんの役でした (自虐笑)．でも，誰かがやらないと劇はできないですから，女子に笑われましたけど，我慢してやりましたよ．

森：教育する側は，子どもが少しでも強制を感じないように努力すべきでしょうけど，それが目的じゃないですよね．

高：そうです．強制を感じさせないのが目的なら，放っておけばいいのです (断言)．教師の役割は，子どもをできるようにすることですから，その目的と両立する限りで工夫するということですよ．

風：励まされますね (笑)．コメニウスも，そう考えていたと思います．

　でも，ちょっと欲張りかなと思うんです．コメニウスは，教科書ベースで自然・人間・社会の全体をラテン語で学習して，3か月ごとに1週間をあてて演劇

を5日間連続で上演してマスターする，っていう計画を提案してるんです（「良く秩序づけられた学校の法」4章）．どう思われます？

森：今の日本だと，ハードすぎって思う人もいるでしょう．でも，当時って娯楽もそうなかったし，身体を動かして学べるんなら，嬉しかったんじゃないですか．

高：日本ファンの私が心配してるのは，日本の文化的なコンテンツがどんどん薄っぺらく短くなってることです．ちょっと長かったり複雑だったりすると，それだけで遠ざけちゃう傾向があります．昔の映画は，休憩をはさんで上映されていたはずです．時間はかかりますが，そのなかで思考も感情も深まるものですよ．

風：とても大事なことを言っていただきました（感嘆）．何でも軽薄短小になって，日本の社会から「じっくり」が失われているのは大問題です．

 共同生活による使用と遊びによって

風：強制をできる限り小さくしようという挑戦はほかにもあるんです．

高：どうぞ，お聞かせください．

風：ここに引いたのは教授学の全集の最後の方にある「甦るラティウム」っていう論文からです（8節）．ラティウムってローマ帝国のもとになった小都市のことです．どういう計画かっていうと，さまざまな社会的な役割を果たす1000人くらいを住まわせた疑似的な環境を設けて，皆，ラテン語で話すようにするんです．そこに学生を住ませて生活させれば，3年もあればラテン語を自然に身につけられる，って書いています．コメニウスはこのことをトランシルヴァニアにいた頃から考えていて，『パンパイデイア』にも書いています（5章28節）．

森：へええ．でも，海外赴任が決まった社員を，英語しか話せない寮かなにかに住まわせる企業ってありますね．

高：チェコ政府は，夏休みに国外からの希望者をチェコの大学の寮に滞在させて，昼はチェコ語の授業を受けられる「夏の学校」をやっていますよ．

風：ええ．だからまったく非現実的とまではいえません．この提案をされたアムステルダムの指導者たちは，相当リッチだったですが，どう思ったのでしょうね．

森：「共同生活による使用と遊び」って表現は，含蓄がありそうですね．

風：ありがとうございます．まず，使用と遊びはよろしいですね．

高：「理論・実践・応用」，あるいは「指示・実例・使用」と言われていましたね．習ったことを実際に活かしてみる，っていうことですね．本当にラティウムの街が作られたら，習ったラテン語を実際に使う場になるでしょうね．

森：遊びの要件としては，運動・自発性・仲間・競争・秩序・容易さ・目的があげられていましたけど，ここで生活するってことを生徒が決められるんなら自発的ですね．でも，なぜこんなにラテン語にこだわったんでしょう？

風：コメニウスの時代は，社会で指導的な立場につくには，まだラテン語が必要だったからでしょう．ただ，彼の晩年くらいから，ラテン語の重要性は急速に失われていきましたけどね．

森：今の英語ほどではないにしても，当時はかなりのニーズがあったんですね．

　話をラティウムに戻しますと，ラテン語を身につけるっていう目的もはっきりしているし，そして人為的な環境なので安全だし，コメニウスの遊びの原理を満たしているんじゃないでしょうか．

風：完璧です（満面笑）．そして，ここで「生活によって」って言われているのも重要です．

森：どういうことですか？

風：学校の勉強って役に立たない，って批判が昔からあるのは，前にも話題になりましたよね．それは教育の歴史のなかでずっと議論になっているんです．

高：手短かにどうぞ（微笑）．

風：前に話が出たペスタロッチは，初等教育の方法を考えて実践して，彼の学校には各国から見学者が来ました．しかし，彼が最後に残した言葉は，「生活が陶冶する」だったんです．陶冶って明治時代にできて一般に普及しなかった翻訳語ですけど，「形成」という意味でとってもらっていいと思います．この言葉は，人間は何によって形成されるのかという問いに対するペスタロッチの答えが示されていて，それは「生活」だというわけです．

森：思い出しました．そして，19世紀になるとアメリカのデューイが学校と社会が乖離しているのを問題にして，生活経験を中心にした教育を考えたんでしたね．

風：さらにいうと，第二次世界大戦後，旧植民地や開発途上国でも学校が普及するわけですが，イヴァン・イリッチという思想家はメキシコで活動していて，学校制度が本当に人々のためになっているのか，っていう疑問を持ったんですね．

森：『脱学校の社会』ですね．学生時代に教育原論のレポート課題で読みました．

　　　イヴァン・イリッチ『脱学校の社会』東洋・小澤周三訳（東京創元社，1977）

高：要するに，教育って生活できるようになるためにあるのに，生活とずれているなら意味がない．だから生活をとおした教育を考えるべきだ，ってことですね．

風：はい．そういう考えからすると，コメニウスは，あらゆる子どもを学校に通わせて，多くのことを丁寧に教えて成長させようとした学校教育万能論の権化の

ように見られるわけですけど，実は「生活による教育」をしっかり考えていたというわけなんです.

高：以前，これだけ社会が複雑化して，事件や事故も増えているなかで，「何でも体験だ」って子どもを社会に放り出すわけにはいかないから，やっぱり学校は無視できないって話しましたよね.

風：コメニウスは，学校のそういう意義をおさえたうえで，どうしても実生活とずれてしまうという問題も考えて，実生活とスムーズに接続するように，生活と直結した教育も考えたんですね.

 ## 誰もが光の下で務めを果たせるように

高：教育には保護も必要だけど，いつまでも飛べないひな鳥じゃいけません．コメニウスは，少しでも強制のない教育を考えつつも，子どもをしっかり導こうとしたんですね.

森：太陽は，早春のまだ芽生えたばかりの草木に照りつけることはせず，一人前に育って実や種子をつけはじめてからギラギラ照らす，って『大教授学』にもありましたね（26章4節）.

風：『パンパイデイア』に，こんな言葉があります.

　「最初の学校は胎内で，深い闇の中にあった．第2の学校は私的な壁の中だった．第3は私的な建物の中，第4は離れた場所，そして第5の学校はとうとう光のあふれる所だ．そこからは誰もが光の下で自分の公的なあるいは私的な職務へと，出て行くのである.」（12章12節）

　第2の学校ってプライバシーが保護される家庭です．第3の初等学校，第4のギムナジウムと進むにしたがって光に照らされ，第5段階の大学では，もう大人あつかいになります．コメニウスには，闇から光へっていう理想があります.

　ルソーも，『エミール』で同じことを言ってます．部屋の外に出る必要もなく，気遣われて育てられたりしたら，ちょっと動き出しただけで，すぐ破滅だって．アイスランドの氷のなかでも，マルタ島の焼けつく岩の上でも生きていけなくちゃ，って書いてます.

　ジャン・ジャック・ルソー『エミール』上，今野一雄訳（岩波書店〔岩波文庫〕，1962）

高：私はやっぱりコメニウスの明るさが好きですねえ（微笑）.

風：「光の下」っていうのは，海で肌を焼こうっていうんじゃありません（皮肉

笑).「公共」ってことです.社会科の目標は「公民的資質の基礎を養う」ことですが,公民的資質,英語ではシティズンシップですが,簡単に言えば,公の場で堂々と行動できるようになるってことでしょう.

森：それは,もちろんつらい時もありますよね.政治家でも芸能人でも,未熟だったり適当だったりすれば,すぐにその姿を暴かれちゃいますからね.

風：だから,闇から光へと少しずつ慣らしていくのが大事なんですが,ここにも議論があるんです.民主主義のリーダーを自認するはずのアメリカでも,教育の本質はケアにあるんじゃないか,っていう主張があります.

高：日本なら,いかにもあるあるって感じですが,アメリカでですか.

風：アメリカは民主主義かもしれないけど,伝統的には男性が社会を握っていて,融和というよりは優劣をつける場になっていて,敗者になる人も多いですよね.それで本当によいのか,っていう問いが出てきたんですね.そして,互いを無条件に認め合えるような関係は家庭に求められてきたんでしょうが,その形骸化も深刻です.そういうなかで,長い間,女性が担わされてきて,人々を支えてきたケアこそが重要なんじゃないか,ということなんでしょう.

　ネル・ノディングズ『学校におけるケアの挑戦——もう一つの教育を求めて』佐藤学監訳（ゆみる出版,2007）

森：年末に人間ドックを受診したんですが,胃カメラを飲めなくて困っていたら,看護師さんが背中をなでてくれて,本当に楽になったんです.ケアって小さいうちだけでいいってことはないですね.社会で脚光を浴びてる人たちも,ずっとそこに居続けることなんてできないでしょう.日本についていえば,高齢化で病気を抱えながら長生きする人が増えてますし,少子化で教育への関心は高まってますから,やっぱりケアは重要になっていますね.

風：教育って,知識や技術を身につけさせる営みだと考えられてきたわけですが,そこでは知的にも身体的にも伸び盛りの人間が想定されています.しかし,右肩上がりに成長する期間って,誰でもそう長くはないんですね.

　でも,ケアが教育の本質だ,っていえるでしょうか.互いに気遣いあう関係を維持することで完結しているように見える若者が,少なくないと思うんですがね.

高：日本人は人間関係を気にするところにもってきて,経済発展で物質的には豊かになりましたから.

森：そのあとバブル経済がはじけて「失われた20年」と言われましたけど,一生懸命働いた親たちが子会社に出向させられたりするのを見て,社会に期待しなくなったからなのか,人間関係へのこだわりがさらに強まったように見えますね.

高：インターンシップに来ている学生が，友だちが何かSNSにアップしたら，すぐにフォローしないといけないんで疲れる，って言ってました．この影響も大きいでしょうね．

森：私は，悪いことばかりじゃないと思うんですね．大人たちは，仕事をするようになっても家にいる若者をパラサイト・シングルとか，学校を出ても仕事につかないとニートとか，自分たちの価値観でレッテル貼りしているわけですけど，今の若い世代は私たちの若い頃よりもボランティアに出るようになってます．違う価値観を模索しているのかな，とも思います．

高：ツクシ世代でしたっけ．それが悪いとは思いません．でも，それは日本がまだ経済的に豊かだからそうできるんじゃないでしょうか．人間関係の豊かさがあれば何もいらないかのような考え方は，呑気ではないでしょうか．「衣食足りて礼節を知る」でしたっけ．

風：21世紀になって，技術革新がますます進んでいるので，ある程度の経済発展を維持するには，新しい知識や技術が欠かせません．教育の経済的な役割は無視できないでしょう．ですが，教職をめざす学生なんかに文章を書かせると，「人間は目的であって手段ではないから，人間が資源のように扱われている経済中心主義は克服しないといけない」みたいな主張がけっこうあります．

高：ケアは大事です．でも，教育の全体ってことにはならないと思います．訓練や実践とケアをうまく組み合わせていけばいいんじゃないですか．できるだけストレスフリーな方がいいでしょうけど，真綿にくるまれたように育てられて，社会に出てから「こんなはずじゃなかった」ってことになったら気の毒です．

森：コメニウスは，ケアみたいなことは言わなかったんですか．

風：以前，コメニウスが妻子を失った時に書いた〈慰めの書〉のことが話に出ましたが，慰めってケアに近いでしょうね．『孤独について』は，近しい人を失った悲しみがテーマですが，私たちが日常的に抱える孤独についても，話が及んでいます．

「生きている友のそばにいながら拠るべなき身になっている，言い換えれば，友の信頼も愛も失っている」という孤独についても論じています（15章）．

森：具体的には，どのように慰めればいいと考えたんでしょう．

風：「心による共感，言葉による慰め，行為による援助」とあります（5章）．

高：心と舌と手にわたってということですね．「知恵の三角形」の原理で考えられているんですね．主張が一貫してますねえ（感心）．〈慰めの書〉って，もっと読まれていいと思うんですが，宗教的なので敬遠されてきたんでしょうか．

森：ケアみたいなことは，教育っていうよりも宗教においてなされるべきこと
だ，ってコメニウスは考えていたとはいえませんか？

風：お2人の思考は回を重ねるごとに深化してますね（絶賛）．そういってよいで
しょう．チャリティーって，もともと宗教的な行いです．このギリシア語のアガ
ペーは無償の愛ですね．利他とも訳せます．経済的な利益や政治的な支配によら
ない人間の交流を担ってきたのが宗教です．日本には宗教への異常な無理解があ
りますが，世界的にも世俗化が進んでますから，教育がケアを担わなきゃいけな
い，ってことかもしれません．でも，教育のすべてをケアにしてよいということ
にはならないでしょう．

高：どこがケアを担うのか，ってことは考えないといけないでしょう．でも，慰
め合うだけの社会なんてあり得ません．「光の下」で仕事をしなきゃいけません．

森：「お天道様に顔向けできない生き方はするな」っていう言葉は昔からあるわ
けですから，日本人が皆で日陰に隠れてきたわけじゃないはずなんですけどね
（困笑）．何せ国名は「日本」なんですからね．

高：私が日本で仕事をしていて気になるのは，皆で議論をする時には何も発言し
ないで，終わってから個人的に意見を言う人がけっこういるってことです．「陰
口じゃないですが」なんて言い訳しながら，個別にメールを送ったりして……．
それが陰口じゃなくて何が陰口だっていうんでしょう（呆）．

風：大体の大学のカリキュラムにはゼミナールがあります．アクティブラーニン
グがもてはやされていますが，ゼミっていう議論の場が元からあるわけです．で
も，報告者のプレゼンが終わっても質問が出ないゼミって多いんですよ．ある真
面目な学生が，そういうゼミを評して，「お通夜の練習」をやってるって言って
ました（中呆）．本当に人前で意見を言うのを嫌がりますね．当てられないように
視線をかわすスキルばっかり超一流だったりして
（嘆息）．

森：でも，それって若者だけの問題じゃないと思い
ます．気の合う仲間で固まって大体の方向を先に決
めちゃって，会議では「時間がないのでこの方向
で」っていうことが多くなってませんか．

高：それをおかしいと思わなくなるだけじゃなくて，
上の意向を忖度して，命令されてないことまでやっ
てしまって，あとで問題になったりして……．

「時間をやりすごすことを学
んでいる？」

風：　公の批判をくぐらせるっていうプロセスは大

切です．思ったとおりに早く進めたいというのは人情でしょうが，人間は完璧じゃないです．論敵っていうのは何とか批判してやろうと思いますから，あら捜しをします．憎いですよ．でも，そのおかげで仲間内では見落としていた問題点も見つかるわけです．そこを素直に修正すれば，よりよい施策を実行できるじゃないですか．

森：最近，一度動き出した事に問題が見つかって，よくストップしますよね．

高：いろんな分野で起きています．あれって，コメニウス的に言えば，「光の下」で意見を戦わせることを疎かにしているからです．教育だけの責任じゃないですけど，何かお考えはありますか．

風：コネが横行していったら社会は沈滞して，結局は皆が損をするでしょう．ケアも大切ですが，皆が筋を大切にして，筋の通らないことはしない，筋の通らないことは認めないようにならないといけませんね．「光の下」を意識するっていうコメニウスのスタンスは，改めて大事だと思いますね．

高：そうすると，皆が同じ条件を課される試験みたいな体験は大事ですね．個別対応といえば聞こえはいいですが，特別扱いに慣れて正々堂々と勝負できなくなるんじゃいけませんよ．

風：入学試験の多様化がもう30年くらい進められてきて，大学によっては入学定員の半分以上が推薦とか面接で決まっています．そうして入学してきた学生たちが社会に出て，労働の質が全体として高まったのかどうか，とか，誰もが納得できるような追跡調査とかすべきだと思いますけどね．

森：お話をしていて，夏目漱石が『草枕』に書いた「知に働けば角（かど）が立つ，情に棹（さお）させば流される，意地を通せば窮屈だ」を思い出しました．

高：できるだけ角が立たないように，筋を通せるようになったらいいんですよ．

森：知性とコミュニケーション力，コメニウス的に言うと，頭と舌の教育ですね．

高：でも，角が立たないことはほとんどないですから，窮屈でも意地は必要ですよ．私もコメニウス的に言ってみたいと思いますが，「知る・欲する・できる」でいえば，欲する気持ちが大事ですね．

風：本当に何とかしようと思うんなら，誤解や孤立を恐れない勇気が必要です．ケア的な関わりが勇気を育むまでいけばいいんですが，親や教師や社会が光の下に出ていくのを延期させて囲い込むようなら，由々しき問題です．

　2年生の学生たちとオンラインのゼミで『学問のすゝめ』を読んでるんですが，福沢諭吉は政府の専制を批判した一方で，民間人の卑屈な根性もそれに劣らず厳しく指摘しています．それから150年たっても，問題は続いていますね．

太陽は，万人と万物を共通して楽しませ，
形づくり，造りかえる

高：コメニウスは，できるだけ強制のない教育を考えようとしたわけですが，「光の下」で逞しく生きていけるように，っていう願いがあったことを忘れちゃいけないですね.

風：プラトン洞窟の比喩ってご存知ですか？

森：地下の洞窟で壁を向くように縛られた囚人は，その後ろで焚かれた火の光が映す影を世界の姿だと思いこんでいるんですが，その囚人を解いて振り向かせてやると，囚人は最初はまぶしくてよくわからないけど，だんだんと世界が光に満ちていることを知るようになる，っていうような話でしたか.

　🖙プラトン『国家』下，藤沢令夫訳（岩波書店〔岩波文庫〕，改版 2009）

風：素晴らしいです．プラトンは，この比喩をとおして，「教育とは魂の向きを変えることだ」と説明するんですが，人間って頑固だからなかなか受け入れない．だから，段階的に光に慣らす技術が必要だ，って言っています．コメニウスはこれを読んでます．できるだけ抵抗感がないように最大限の工夫はするが，光に向き合えるようにならないといけないという点に，一点のブレもありません.

高：いつものように…….

風：エビデンスですね（笑）．コメニウスは，内戦が起きる直前のイギリスを訪問するんですが，そこで『光の道』という本を書きました．そのなかで，プラトンの話を引いて，人々が今の生き方を見直すための方策を考えるには太陽が参考になる，と言っています（5章1節）.

高：どういう意味ですか.

風：コメニウスは，太陽の力は普遍性・自発性・実効性を備えているところにある，といいます．たしかに，太陽は誰でもどこでも照らします．頼まれたり，人間が感謝してくれたりするからといった，打算で光っているわけでもありません．そして，雲を湧かせて雨をもたらす圧倒的な力があります．太陽がなければ地球に生命は生まれなかったし，そもそも地球もできなかったわけです.

　コメニウスは太陽の3つの力を参考に，教育について考えたんですね．コメニウスのモットーが取り囲んでいる絵は，まさにそれを表しているんじゃないでしょうか．太陽が輝いて，空には雲が湧いて雨が降り，川が流れて草木が生い茂っています．すべてが自ずから流れ出していますね.

森：なるほど……．たしかに太陽はありがたい存在ですが，困る時もあります.

強い紫外線は皮膚がんの原因にもなりますし，夏の酷暑は限界に近いですよ．

高：コメニウスは「暴力なくば」って言っているけど，夏の太陽は暴力的じゃないかってことですね．

風：いや，面白いご指摘です．私も，この絵は何を意味しているんだって考えました．それで思ったんですが，これはだんだん光に慣れた結果，本格的に照らされることができるようになった理想の状態が描かれているんじゃないでしょうか．

　教育でいえば，最初はケアが主でなければなりません．親も教師も子どもの不平を聴いてあげないといけないでしょう．しかし，いつまでたってもその状態のままじゃあ，運命的な出来事なんかにさらされたら，ひとたまりもありません．それに，太陽に不平を言っても，個別に照らし方を変えてはくれないですよね．太陽って，普遍的で自発的で隔絶した力なわけです．でも，それを受けきれるようになったら，ますます根を張って，すくすく成長できるわけです．

森：お話はわかる気がします．でも，そうなると，何が暴力や強制なのか分からなくなってきます．どんな力でも受け止めなければならないっていうのは，乱暴じゃないでしょうか．

風：なかなか微妙な議論なんですが，倫理学者の和辻哲郎が名著の『風土』に書いていることが，ヒントになると思います．彼は，人間は与えられた環境の現実を受け止め，ユニークな生活様式を発展させてきた，と書いています．もし猛暑で多湿な夏がなかったら，日本には畳や障子や手水^{ちょうず}という文化は生まれなかっただろう，って言うんです．和辻は，それらの文化は人間の「自由な自己形成」の現われなんだ，とも言っています．

森：太陽やモンスーン気候に文句を言っても仕方ないから，何とかしようと考えた結果，いろんな工夫が，自由な創意工夫で生まれた，ということですね．

高：自由な創意工夫って，コメニウス的に言えば，「物事が自ずと流れている」ってことですよね．

風：ありがとうございます．コメニウスのモットーをひっくり返せば，「すべてが自ずと流れているなら，物事に暴力はない」となります．自由な創意工夫が生み出されているってことは，太陽が暑いからって，ただちに暴力ってことにはならない，ということになるんじゃないでしょうか．

高：わかります．小さい子どもに，20キロのリュックを背負って富士山に登りなさい，というのは暴力ですよね．途中で倒れちゃうでしょう．でも，経験豊富な登山家なら，楽しんで登るでしょう．

風：親や教師がどこまで関わるべきなのか，って悩ましい問題ですが，コメニウ

スのモットーは，ひとつのヒントを与えてくれるんじゃないでしょうか．簡単に言えば，「教育の良し悪しは，出てくる結果から判断されるべきだ」ってことです．一見ハードな関わりでも，自ずと流れ出してくる何かが認められるなら，それは簡単に強制だとか暴力だとかはいえないでしょう．

森：教育実習に来る学生が授業を見学しますが，教師の言葉遣いとか態度にばかり目が行きがちです．ちょっと厳しいと「強制だ」って決めつけてしまいます．でも，子どもたちを見ると，ちょっとはつらそうにしていても，教師の関わりを受け入れて，問題が解けて喜んでいたりするんです．

風：言葉遣いとかに，異様に敏感ですよね．優しそうな男子がゼミで報告していたんですが，「反社会的勢力の方々」って言っていて吹き出しちゃいましたよ．

高：言葉は大切ですが，こだわり過ぎるのはよくありません．

風：私もそう思います．いわゆる差別用語とかがテレビで飛び交うようなことではいけませんが，「あれもダメ，これもダメ」って無毒化してったら，現実の社会とズレていきます．人間，いつも仏様みたいに微笑んでいられませんし……．

森：『サザエさん』の波平さんが「バカモン！」っていう回数が減って，番組が妙におとなしくなっているんじゃないか，って娘が言ってました．

風：カツオがこのところ道徳性を高めた，っていう兆候はないですがね（皮肉笑）．波平さんが「バカモン！」って言うのは，「社会とはこうあるべきだ」っていう価値判断を提示してるわけです．「決めつけちゃいけない」っていう強迫観念が影響して，波平さんらしさが奪われていっているんなら，由々しき問題ですね．

高：（軽くスルー）いずれにしても，言葉遣いばかり丁寧にしても，子どもが明るく逞しくならなきゃ意味がないわけですね．

風：コメニウスが言いたかったことを要約すれば，「自発的な何かが出てくるように関わる」ってことに尽きるでしょう．たとえ言葉遣いが厳しくなくても冷淡で，「あの先生に何も言っても聞いてはくれない」って思わせるようじゃ，その関わりは暴力です．ある人が，そんな教員のクラスの子どもたちは，なぜか無表情で，「皮膚がゴムでできているみたいだ」って言ってました．

高：一般論としては，最初から高度な要求ではダメですね．子どもは混乱して反発しちゃうでしょう．「段階的に」ってことが大事ですね．でも，ただ寄り添っていればいいってことでもないですよね．

森：どんなに寄り添っても，依存ばかり強まっては，自発的な何かは流れ出てきませんからね．

風：そう考えると，一見，意地悪なようですが，時には子どもからの要求を「そ

らす」関わりもあっていいんじゃないですか．公園を散歩してると，キャッチ
ボールを始めたばかりの子どもが，親の球がきつくて受けられないで，拗ねてい
るのを見かけます．でも，やっぱり上手になりたいので，またボールを持ちます．
身の回りと自分との間にズレが感じられると，私たちは自然とそれに違和感を抱
いて，それを埋めようと立ち向かうものなんじゃないでしょうか．

　私たちから力を出させるという意味では，私たちに違和感を抱かせる出来事が
ただちに暴力だとは決めつけられないでしょう．「艱難 汝を珠とす」じゃないで
すが，苦難は，それに立ち向かう人間を変容させてくれます．現在のスポーツ界
の若手のホープには，2011年の震災を経験した人もいますが，立派なものだと思
います．周囲の励ましもあったでしょうけど，運命をバネにできるだけの基礎が
整っていた，ってことじゃないでしょうか．

森：でも，そういう基礎が整わないで，困れば周囲に依存しても平気っていう人
もいますよね．

高：たまに，ちゃんとできないのを素直に認めないで，媚びた態度をとったり，
ボディータッチしたりして，その場をうまくやり過ごそうとする女性がいます．
私は，女性全体が低く見られるので，女として認めたくないです（中怒）．

森：そのしおらしさを喜ぶオジサンもダメですけどね．

風：学者の世界でも，学閥が同じとか考え方が近いというだけで，無原則に守り
合うような関係を見ることがあります．何か壁ができたようになって，言いにく
い雰囲気になります．女性の活躍は大事ですが，似たようなことがあって，言い
にくい時があります．高田さんの正義の怒りには大拍手です．

　「光の下」に立つ勇気はないけど認めてほしい，っていうのは甘えですよ．ど
んな分野でも，実力主義という原則をゆるがせにすると，腐っていきます．誰で
も少しでも光にさらされる覚悟を養っていきたいですね．

森：先生は，コメニウスが太陽に注目したのをヒントに童話を書かれたんです！

風：最後にきて，「光の下」にさらされてしまいました（赤面）．まあ，何でも理
論・実践・応用なので……．まさに「暴露」ですね．

高：ぜひ読んでみたいです．

風：では，このあとメールします（トホホ）．墓穴を掘ってしまいました．

　今日はこの辺で……．

ぼくは　たいよう

ぼくは　たいよう.
この　なまえ
ぼくは　あんまり　すきじゃない.
だって　みんなが　いうんだよ.

いつも　みんなと　なかよくね.
いわれなくても　できるよね.
いつも　いちばん　げんきにね.
いつも　たいよう　みたいにね.

がっこうで
ぼく　あっくんと　けんかした.
やっぱり　ママは　こういった.
いつも　みんなと　なかよくね.

もう　うるさいよ　ほっといて.
ごはんも　いらない.
もう　ねちゃおう.

***

ぼくは　ふしぎな　ゆめをみた.

となりの　まちが　まっくらで
みんな　おそとで　あそべない.
おひさま　なんだか　おこってる.

となりの　まちは　なまいきさ.
あつい　さむいと　うるさいよ.
ごめんなさいって　いわないと
ずっと　ひかって　あげないよ.

ふーん　でも
すききらいする　おひさまなんて?
みんなと　なかよく　してあげて.

つぎのひは　ぼくらのまちが　大さわぎ.
おひさま　のぼって　こないんだ.
おひさま　なんだか　ふくれてる.

だれも　たのみに　こないから
ちょっと　やるきを　なくしてさ.
ちゃんと　おねがい　してきたら
ひかって　あげても　いいんだよ.

ふーん　でも
おねがいしないと　ひからないって?
あしたの　あさは　でてきてね.

つぎのひは
あさはきたけど　さむかった.
せんたくものも　かわかない.
おひさま　なんだか　げんきない.

げんき げんきって うるさいよ.
たまには あるよ そんな とき.
もう たいようと はなさない.
ごはんも いらない.
もう ねちゃおう.

また まっくらに なっちゃった.

いしの したから だんごむし
ぞろぞろ ぞろぞろ やってきた.
はなも くさきも かれてきて
ちょうちょや ばったは おおよわり.

だんごむし
おおよろこびは したけれど
ちょうちょや ばったの すがたみて
もう しんぱいに なってきた.

だんごむし
ちょうちょに ばったに そしてぼく
くらい おそらに よびかけた.

いつも げんきな みんなの おひさま
あしたは きっと でてきてね!

***

ぼく ママに
ゆめで みたこと はなしたよ.
ぼくのめを みつめて
ママは こういった.

おひさまは
すききらいせず ひかるのよ.
たのまれなくても ひかるのよ.
どんな ときでも げんきなの.

***

そとは おひさま さん さん さん.

あっくんの
おうちに ついたら あせ びっしょり.

あっくんの
パパは なんだか げんきない.

あついのに
あつしは そとで あそんでさ
とても ぐあいが わるいんだ
たいようくんと なかなおり
はやく したいと いってるよ.
げんきに なったら また きてね.

かえりみち
おひさま ぎらぎら ひかってる.
まぶしくて
ぼくは おもわず つまずいた.

もっと やさしく ひかってよ!

おひさまは
だまって なにも こたえない.

みちばたの
おおきな いしは あっちっち.
さわると やけど しそうだよ.

でも いしを
おこすと しっとり ぬれていて,
やっぱり いたいた だんごむし.

おひさまは
げんきよすぎと おもわない?

だんごむし
だまって なにも こたえない.
はやく しめてと いうように,

いしの したへと さようなら.

だんごむしなら いしのした.
はっぱの かげには ちょうちょたち.
それぞれ みんな くふうして,
それぞれ みんな いきている.

もう いちど
ぼく おひさまに いってみた.

もっと やさしく ひかれない?

おひさまは
だまって なにも こたえない.

みんなに おひさま ひかってる.
いつも おひさま ひかってる.
うちゅうに ひとりで ひかってる.
げんきな おひさま 大すきさ.

『世界図絵』より「日食と月食」
「太陽は光の源であり, あらゆるものを照らす.」

X 開けた魂

——人間の究極の目的はこの生命の外にある

森：オンライン教育熟議も最後になりました（感慨無量）.

　今日は，コメニウスが何をめざして教育を考えたかがテーマですね. それで『大教授学』第2章からの引用を出していただいたんですが，普及した日本語訳では「人間の究極の目的は現世の外にある」です. ニュアンスが違いますね.

高：改訳って理解の可能性を広げます. でも，変更理由がいりますよね.

風：チェックが厳しいですね（苦笑）. もちろん理由があります.

　コメニウスはクリスチャンです. チェコ兄弟教団のトップを務めました. 人間の生命はこの人生で終わりではない，と確信していました. それは『大教授学』にもはっきり示されています（10, 11節）. この人生さえうまくいけばいいという刹那的な生き方を戒めて，常に死後を思って生きることを勧めています.

高：私は天国とか地獄とか信じないので，ピンとこないところです.

風：何度か引き合いに出している教授学の全集の最後の方には，なんで教える技術と関係のないことを書くんだ，という批判があったと書かれています（「知恵の箕」30節）. 当時の人にとっても，ここには違和感があったんでしょう.

森：でも，取り下げなかったんですね. どういう理由があるんですか？

風：コメニウスは，文法とか論理学とかの専門的な知識の教授学じゃなくて「人生の教授学」を書こうとしたのです. だから，部分ではなく全体をあつかわなくてはならないんだと書いています. この作品は，もともとチェコ語で書かれて『教授学』というタイトルだったんですが，ラテン語に書き直す際に『大教授学』というタイトルに変えられたんですが，「大」という字を冠したのも人生の全体をあつかうという意図なんだ，というんです.

高：人生全体を考えようとすれば，死が問題になるっていうのはわかります. ヨーロッパにも，「メメント・モリ」（死を忘るな）という言葉があります.

森：日本にも，臨終を思って生きるべきだ，という教えがあります.

風：死生観は文化や宗教によってさまざまですが，不合理な観念だといわれればそれまでです. しかし，だから無意味だとはいえません. 人間の選択や行動に影響を与えます. 旅行でも人生でも，目的って無意識のうちに未来におかれますよ

ね．そういう意識って，「アリとキリギリス」の話みたいに，後でいい思いができるように今頑張ろう，という動機づけに役立つことがあるじゃないですか．コメニウスは，死後を思うことで，現在の人生を慎ましく正すことができる，と考えたんですね．

高：でも，この人生が1回きりだとしても，だから利那主義になるとは限りませんよ．かけがえのない人生だからこそ，精いっぱい頑張ろう，っていう人もたくさんいます．

森：そうですね．若い頃から蓄財していても，早く死んでしまう人だっていますから，先の読めない未来を盾にして今は我慢だ，っていうのは，イマイチ説得力がないですね．

風：コメニウスのように目的を未来に想定する考え方って，世俗化されて一般化されています．高校で頑張ればいい大学に入れる，いい大学に受かればいい就職ができるって，目的をどんどん未来にずらしていく考え方です．

　それを真っ向から批判したのがルソーです．親や教師は自分に先見の明があると思って，未来のために今を有意義に生きるように勧めるけど，それは，あてどもない未来のために現在を犠牲にすることではないか，と厳しく批判したんですね．そこから消極教育の主張も展開されています．

森：ルソーの主張は，小さい頃から未来を指さされて，それで疲れを感じてる若者には，救いに見えるでしょう．

風：ルソーは子どもの発見者って呼ばれていますが，大人とは違う子どもの時代を大切に，っていう趣旨で言ったんです．世に出ようという青年には，市民としての義務を身につけるように，と書いています．いい歳になっても「今を生きればいい」とは言っていません．念のためですが……．

森：心理学者のマーティン・セリグマンが，人間って楽観的な方が病気になりにくいって証明されているのに，なぜ未来を心配してくよくよするのかって書いてました．

高：どういう結論ですか？

森：現生人類の祖先は氷河期の厳しい環境を生き延びたわけですが，それは未来を心配する習慣を身につけられたからではないか，って書いてます．くよくよ心配するのは健康によくない．でも，「明日は何をすべきか」って考えないと，生き延びられない．人間は，やっぱり目的を考えることから逃れられないってことなんでしょうね．

　🔖マーティン・セリグマン『オプティミストはなぜ成功するか』山村宜子訳（講談社〔講談

社文庫〕，1994)

風：前回の話じゃないですが，目的を強いられると嫌なものです．今を大切にするのは当然です．コメニウスも，現在の人生が永遠に続いてほしいと願うほど大切に思うということが，まず教えられないといけないって，わざわざ書いています（『パンパイデイア』3章16節）．でも，人間は時間と空間のもとで生きてますから，目的っていう観念から逃げることはできないでしょう．人生全体を視野に入れた教育を考えるには，目的を考えないといけないんだというコメニウスの主張には，うなずけますね．

 ## 私たちは，植物的生，動物的生，精神的生を生きる

高：ところで訳語のことはどうなったのでしょうか．

風：すみません．お2人の話に引き込まれてしまって……．コメニウスが書いているのを忠実に訳せば「現世」でいいでしょう．でも，ラテン語のヴィタはビタミンの語源ですけど，生活，人生，生命といった意味もあります．

森：コメニウスは，人間は三重の生命を生きるのだ，って書いていますね（『大教授学』2章4節）．

風：植物的生，動物的生，精神的生ですね．コメニウスは，3つのレベルを発達段階あるいは発達課題としてとらえています．植物は動けませんが，動物には感覚と運動能力があって，外界に働きかけて，いろいろなものを手に入れて生活圏を拡大します．人間にも2つのレベルがありますね．

高：自分の居場所が確保できて，生活の糧が得られれば，生きていくことはできます．でも，「人間はパンのみにて生きるにあらず」ってことですね．私にもそれはわかります．

森：精神的生って知性的であることでしょうけど，それだけじゃないですよね．

風：チェコの哲学者のパトチカは，人間の生には，根づき，自己拡大，超越っていう3つの運動がある，と言っています．パトチカってコメニウスの研究もやっていたんですが，私はパトチカのアイデアはコメニウスから得られたんじゃないかと想像してます．

　赤ちゃんは動けないかもしれないけど，親をはじめとした人々との信頼関係を得て，生まれ落ちた環境に根づきます．これが植物的生です．しっかり根づいて成長すると，コメニウス的に言えば，いろいろなことを知って，欲して，できるようになります．これが動物的生です．ここまでの生命は自己を中心にしていま

す．それに対して，超越っていうのは自分へのこだわりを去って自分を自分の外に出していくことです．

森：コメニウスは，人間の課題は自己中心性の克服にある，って言っていたんでしたね．

風：ありがとうございます．そういう意味では，『大教授学』の言葉は，「この生命の外に目的をおく」っていう意味にも読めると思いませんか？

高：なるほど．そういう風に話していただくと，縁遠い感じがなくなりますね．

森：洋の東西を問わず克己とか献身という生き方があるわけですけど，それって自己中心性の克服が前提ですよね．

高：献身って，リスクを恐れずに何かの目的のために身を捧げることですものね……．

風：どうされましたか．

高：私はリアルに覚えてはいないんですが，パトチカのことを思い出しました．
　　チェコスロヴァキアは1968年の「プラハの春」の改革運動のあと，その反動で言論の自由が抑圧されたんですが，それは皮肉なことに「正常化」って呼ばれていました．パトチカは，政府も批准していた国際的な宣言に従って，人権を尊重すべきだって署名活動を始めたんです．

森：「憲章77」ですね．物静かな学者というイメージだったパトチカがスポークスマンになったというので，政府は衝撃を受けたんですよね．パトチカは，秘密警察から長時間の取り調べを受けるなかで亡くなったんです．でも，それから約10年して，パトチカと一緒に行動していた劇作家のハヴェルらによって，体制の変革が実現したんですね．

高：パトチカは，人間をたじろがせて考え直させるのは「犠牲」だって書いていますけど，本当に自分を犠牲にしてしまったんです……．それは超越っていっていいんだろうと思います．パトチカはコメニウスから学んだのかもしれませんね．

風：パトチカの例は簡単に論評することが許されない深刻なものです．それに，20世紀の国家主義は犠牲を美化して多くの生命を奪いましたから，単純に献身だ犠牲だっていうのは要注意です．

森：パトチカはコメニウスを「開けた魂」の思想家だと呼んだそうですね．ご説明いただけますか．

風：まず，「開ける」の反対の「閉じた」について説

ヤン・パトチカ

世界を理性の現われとして
見る「閉じた魂」

明したほうがわかりやすいでしょう．開いたと
か閉じたとかいうのを人間に当てはめると，ど
んなイメージを持たれますか．

高：オープンっていうとコミュニケーションし
やすくて，クローズドっていうと，とっつきに
くい感じがしますね．

風：パトチカがコメニウスについて言ったのは，
そういう意味もなくはないでしょうが，パトチ
カは閉じた魂の代表者として，ガリレイをあげ
ています．

森：ガリレイは「宇宙は数学の言葉で書かれている」って言ったんでしたね．

風：ありがとうございます．そういう風に宇宙を見るっていうのは，宇宙を理性
の現れとしてとらえているわけです．

高：それがなぜ閉じた魂なんですか？

風：理性的にものを見るって，目に見えたり計測できたりするレベルでものを見
るってことです．それは科学的かもしれないけど，その他の見方があるってこと
は認めませんよね．すると，自分のとった見方にフィットしたものとしか出会え
なくなります．それを「閉じた」って呼んだんです．

高：じゃあ，開けた魂って目に見えない世界を信じるってことですか．でも，根
拠もない何かを信じるっていうのは，オカルト的な感じがします．

森：ガリレイが，「それでも地球は回っている」っていう科学的な信念を貫いた
のは，強い精神があったからじゃないでしょうか．

風：私も科学少年だったので，ガリレイは偉いと思います．でも，科学的な認
識って，数に還元できることだけを扱いますから，そうでないことは最初から除
外されますよね．それに，特定の条件のもとでの実験や観察で得られるデータを
対象にしますよね．それで万能かっていうと，そうは言えないでしょう．

高：たしかに，どんなに考えても，想定外の要因を見落とす可能性はありますね．

森：でも，自分の見方を絶対視しないって簡単じゃないですね．

風：とくに，コメニウスのいう自己中心性にとらわれていたら，それは無理で
しょうね．

高：自分が正しいと思う見方を求めていくって，大事なことです．でも，それを
絶対視して周囲に押しつけていくことがどれほど人間を歪めるかってことは，戦
後のチェコスロヴァキアの歴史が示していると思います．だから，自分へのこだ

わりを乗り越えるってことの大切さはわかります.

森：開けた魂って，自己中心性を克服した状態なんでしょうね．でも，それは心構えや物の見方ってことにとどまらないですよね.

風：どうしてそう思われますか？

森：世界を理性の現れとして見るって，知恵の三角形の頭・舌・手でいえば，頭による認識ですよね．そこから出ていこうとすれば，コミュニケーションや身体が問題になるんじゃないでしょうか.

高：素晴らしいです．でも，そうすると開けた魂って，やっぱりコミュニケーションが巧みな人ってことになりませんか？

風：コミュニケーション・スキルと開けた魂と，矛盾はしないと思いますが，開けた魂の条件とまではいえないと思います．相手に配慮することはもちろんよいことですが，逆に自分の見方をすぐに引っ込めたりして，偽善になることもあります．それに，たびたび話に出てきた「人間は互いに他者なんだ」ってことなら，相手がどう考えているのかは，結局わからないってっことになるでしょう.

森：難しいですね．自己中心性を克服して献身的に生きる，ってことでしょうけど，具体的にはどうすることなんでしょう.

風：先日，言語のところで，「本当に実体的な言葉」について話しましたが，それって自分や周囲の狭い利害を離れた全体を考えた時に出てくると思います．全体って，コメニウスの言葉で言えば「光の下」ってことじゃないでしょうか.

高：それならピンときます．人前に出て何かしよう，ってことになったら，よほど自信があるか独善的じゃない限りは，十分にチェックや準備をして，全力を尽くしますよね．全体って何かっていうのは簡単じゃないですけど，全体ってことを意識すれば，自然に中途半端じゃすまなくなりますよね.

森：開けた魂って，私利を超えた目的のために全力を尽くすってことだ，と考えてよいでしょうか.

風：私はそう言ってよいと思います．そういう人って，何か輝いていますね．頭だけじゃなくて舌も手もフルに使っているでしょう．その輝きを受け入れる人もいるでしょうし，目をそむける人もいるでしょう．でも，夜空の星みたいに，導きになるでしょう.

高：『地上の星』っていう歌がありましたね.

森：コメニウスみたいに超人的だったり，パトチカのような殉教的な生き方じゃなくても，献身的な生き方をしている地上の星のような人はいますよね．そういう人たちの見返りを求めない善意で，社会は動いているんじゃないでしょうか.

風：これは私の意見ですが，常に開けた魂でいる存在も皆無じゃないでしょうが，それこそ超人的だと思います．でも，別に常に全力で献身的でなくても，いろいろ考えてある時に輝きを発するっていうことは，誰にでもあるんじゃないでしょうか．超人的な人でも調子が悪かったり，運に恵まれなくて輝けない時だってあるでしょう．

森：星にだって，変光星や新星や超新星とかいろいろありますものね（微笑）.

風：前に太陽の話をしましたが，太陽って頼まれて誰かのことを考えて光っているわけじゃないでしょう．でも，かけがえのない存在で，皆のためになってます．人間同士だと，周囲のことをいろいろ考えることも必要でしょうが，自分が「全体ということを考えれば，これこそが本当だ」と思ったことに全力を尽くす，ということなんじゃないでしょうか．そんな地上の星はどこにいるんでしょうか．

高：ツバメにきいてみましょうとか言いませんよ（薄笑）.

風：スミマセン（恥）.

道徳は，人と人を結びつける思慮の法則に従い，交際によって生じる

高：献身的に生きている人って立派です．ただ，その気持ちだけで実際の生活がうまくいくとはいえないですよね．

風：コメニウスのいう学識・道徳性・敬虔は，それぞれ個人の思考のレベル，対人関係のレベル，超越的なレベルに対応しているといえるでしょう．畏敬の念が垂直的だとすると，水平的な関係もそれに劣らず重要だということですね．

森：『大教授学』を読んだんですが，そこであげられている思慮・勇気・節制・正義ってプラトン以来ずっと言われてきた枢要徳ですよね．

風：はい．コメニウスが書いた『開かれた言語の扉』なんかの教科書を見ても，当時の一般的な徳目をあげて説明しています．でも，これは，何度か話に出ているように，当時の社会で実際に教育に使われることを考えて書かれたものです．

高：『世界図絵』では，そのほかに勤勉，忍耐，人間らしさ，寛大をあげています．作品によっても違いがあるわけですね．

風：ええ．トランシルヴァニアに招待された時に書かれた『遊戯学校』をみると，彼自身の思索の深まりもあって，健康とか労働の大切さが書かれてます．でも，彼自身の考察が思いっきり展開されたのは『総合的熟議』でしょうね．

森：道徳についてはどうですか．

風：コメニウスは人生を8つの段階の学校としてとらえた，っていう話をしたと

きに，その背景には彼の世界観があったということにも触れたんですが，覚えて
おられますか.

高：世界は，目に見えないものが次第に形をとるようになって，それが再び目に
見えないものに回帰していく運動だ，っていう話ですね.

風：ありがとうございます.　形になった世界って，まずは自然界ですが，コメニ
ウスはそれをもとに人間が手を加えて作ったのが技術界，人間同士の交際の世界
を道徳界って区分します.　そのあと，神と人間の交流っていう，信仰や死後の世
界に戻っていきます.　ですから，目に見える世界は，自然・技術・道徳の３つに
なります.　道徳の世界には，家庭の経営に関する家政学，社会の運営に関する政
治学が含まれてますし，今でいう学校経営なんかにも触れられています.　その部
分の表題をあげておいたんですが，コメニウスは何よりも思慮を重視してたのが
わかります（『パンソフィア』可能界，10章).「道徳の世界は思慮の圏だ」とも言っ
ています.

森：私，『世界図絵』のなかでも110章の「思慮深さ」はとくにコメニウスが力を
入れたところだと思うんです.　ちょっと読んでみましょう.

> 「思慮深さはあらゆる事柄を蛇のように見まわし，何ひとつむだなく行い，語り，
> 考える.　鏡のなかを見るように過去の事柄を顧みて，望遠鏡で見るように未来や結
> 末を予見する.　そして，成されたことと残されたことを見通す.　正直で有益で，で
> きうるなら楽しい目標を行動に結びつける.　結末を見通したら，結末に至る道とし
> ての手段を吟味する.　その手段は，確実で容易であり，妨げになるように多すぎる
> ことなく厳選される.（ひたいに毛があるが，頭頂には毛がなく，そのうえ翼があるため
> に容易に逃げてしまう）機会に注意を向け，それを捕まえる.　思慮深さは，つまずい
> たり迷ったりしないように用心深く進む.」

高：思慮深いって慎重で物静かな感じが
しますけど，コメニウスのキャッチフ
レーズの理性・言語力・行動力が織り込
まれて，「行い，語り，考える」って書
かれていますね.　道徳を心構えの話で終
わらせない，って考えがはっきり出てい
ますね.

森：ギリシア神話に出てくる男性神の
「機会」も面白いですよね.　前髪は長い
のに後頭部がはげてて，すぐに飛び去っ

『世界図絵』より「思慮深さ」

てしまうんで，後ろからはつかめない，っていうんです．チャンスが来たらすぐ
につかまないといけない，って子どもに教えようとしたんですね．

風：ギリシア語ではカイロスっていうんですが，これはクロノスの対義語です．
クロノスって物理的な時間の流れですが，カイロスは主観的な時間です．「今が
その時だ」って自分で思う時間のことです．「今がチャンスだ」って思えないと，
チャンスはつかめないですね．それに，女神が持ってるのが鏡と望遠鏡っていう
のがすごいですよ．

森：当時の思慮の女神を描いた図（エンブレム）では，鏡と蛇を持ってるのが一般
的なんですよね．

高：望遠鏡って，コメニウスの時代に発明されたばかりでしたよね．

風：コメニウスは，ポーランドの天文学者のヨハネス・ヘヴェリウスと友だちで，
望遠鏡で一緒に月を観たらしいですよ．望遠鏡は発明されて数年で日本にも入っ
てきて，徳川家康に献上されてますけど，コメニウスは当時の最先端の技術を教
科書にとりいれたんです．

森：過去を振り返るのに鏡，未来を予想するのに望遠鏡っていう喩えの使い方が
効果的ですね．今見ても，ぜんぜん古くないです．

高：こういう風に，子どもが読んでもピンとくるようにするには，ずいぶん苦労
があったんでしょうね．

風：「理論・実践・応用」でいけば，『世界図絵』は応用の結果ですね．当然，そ
こに至るまでの考察があります．『総合的熟議』の第3部『パンソフィア』や第
6部『パンオルトシア』の日本語訳も出ることになりましたから，ぜひお読みい
ただきたいです．

森：ここではダイジェストでご紹介ってことでいかがでしょう．

風：じゃあ，出血大サービスで，『パンソフィア』から思慮深さについての名言
をあげておきましょう（道徳界2章，技術界10章）.

> 「思慮とは自分と他人の平穏を確かな手段で配慮する技術のことである．」
> 「思慮とは，人，所，時，機会の状態にあわせて美徳を適合させることにある．」
> 「思慮の頂点は機会を自ら作り出すことだ．」
> 「真似たり避けたりして，私たちは思慮深くなる．」

高：「真似たり避けたり」っていうのは，見事な言い換えですね．周りに合わせ
てマネばっかりしてたら，とんでもない目に遭うかもしれません．うまくかわす
のが大事な時もあるでしょう．でも，避けてばかりじゃ，チャンスはつかめませ

ん．知性の柔軟さをいってるんですね．

風：前に「生ける印刷術」の話をしたんですが……．

森：ちゃんと覚えています．『大教授学』で教育を印刷にたとえた時は，精神に印刷されるのは「知識」ってことだったのが，晩年には，印刷されるべきなのは「思慮深さ」なんだ，って書かれたんでしたね．

高：素晴らしい．よく「印刷」されてますね（笑）．

森：はい．私の精神は吸収力も定着力も上等なんです（笑）．素直が取り柄です．

風：学生たちに見習ってほしいです（小嘆息）．教師をめざす学生は黙読ばかりじゃいけないって思って，音読させたんです．沖縄県の渡嘉敷島っていう地名が出てきたんですが，最初はルビが振ってありました．次からはルビがないわけですが，読む順番が替わって渡嘉敷島が出てくるたびに「何て読むんですか」ですからね．精神に撥水加工が施されているのかと思いましたよ（大嘆息）．

森：皮肉な言い方になりますけど，思慮深さどころか，知識も印刷されにくくなってるんですね．短期記憶も低下してるんですかね……．

風：もちろん，皆が皆ってことはありません．思慮深く考える習慣がついていて，感心するような学生もいます．オンラインでゼミをしたんですが，道徳教育の問題を改めて考えたいっていう学生が，フランスの社会学者のエミール・デュルケームが書いた『道徳教育論』を読んで報告してくれました．

　私，基本的に単純なんで，それだけで一日上機嫌でした（笑）．同じ若い世代の間でも読解力には相当な差があります．大きな課題です（暗）．

森：話を戻しますが，コメニウスが人間の究極の目的は生命の外にある，って言ったのは献身的な生き方を指し示したってことですが，自分を何に向けていくかを決めるには，思慮深さが必要ですよね．無理のない合理的な考え方だと思います．こういうドライな明るさっていいですよね．

高：先に言われちゃいました（苦笑）．私は，チェコ人にとっても示唆的だと思います．チェコには，大国の支配を受けたり宗教やイデオロギーに振り回されたりした複雑な歴史があります．チェコ人の口癖で「ウヴィヂーメ」ってあります．日本語に訳せば「しばらく様子をみましょう」ですかね．軽率に判断しないっていうのは思慮深いってことですけど，コメニウスが言うように自分でチャンスを生み出す気持ちがないと，状況に流されたり，保身で終わったりします．

信念は人間を過去と結びつけ，
愛は現在と，希望は未来と結びつける

森：徳目のなかでも思慮深さが大事だっていうのは，とても説得力があります．でも，慎重すぎてチャンスをつかめなかったり，悪いことを見過ごしたりすることもありますね．

高：その意味でも，枢要徳の勇気と正義も大事ですね．『世界図絵』では，勇気が，寛容という盾で不幸の攻撃を防ぎ，勇気という剣で欲情を追い払う様子として表現されていますね．正義は，右手に持った剣と手綱が正義を実現する力，左手に持った天秤が公平な判断，として表現されているんですね．

森：正義の女神が目隠しをして片耳までふさいでいるのは，見てくれで判断しないってことを，相当しつこく表現してますね（微笑）．

寛容と正義（『世界図絵』の挿絵）

風：勇気というのは粘り強さっていうニュアンスが強いですし，正義も公正さっていう意味合いですね．この２つはたしかに大事ですが，『世界図絵』には出てこない，敬虔さにつながる道徳性についても，コメニウスは考えているんですよ．

徳	信　念	利　他	希　望
時　間	過　去	現　在	未　来
活　動	哲　学	政　治	宗　教

森：ここに出していただいた信念・利他・希望って，キリスト教の対神徳ですね．

風：よくご存知ですね．２番目はギリシア語のアガペー，英語のチャリティーですが，ここでは自己中心性を克服した状態ということで「利他」としています．

　対神徳は中世のキリスト教にみられるものですが，コメニウスは応用的に考えています．まず，３つの徳を過去・現在・未来という流れと対応させています（『パンオルトシア』13章）．それから，人間の主要な活動としてあげた哲学・政治・宗教とも関連させています（同25章）．まとめるとこうなりますかね．

高：アガペーって無償の愛ですね．今，世界中を見渡しても，無償の愛で政治が行われている国なんかないですよ．

風：おっしゃるとおりです．でも，コメニウスがいう政治って，人間同士の交際っていう広い意味です．すべてってことはもちろんないですが，家庭とか地域とか学校とかには利他の精神が現れていることもあります．人間の交際が利他を原理にして行われたら，それは嬉しいことですよね．

森：信念と過去と哲学が対応するっていうのが，いまひとつピンとこないですね．とくに信念って信じることで，哲学ってある意味で疑うことですから，なにか矛盾するように感じます．

高：コメニウスが当時の知識人に批判的だったことが話に出ましたが，そこからすると彼のいう哲学って，独特の意味合いがあるんじゃないですか．

風：ありがとうございます．「本当にそうかな」って疑うことは，思慮深くなるために必要です．でも，疑ってばかりじゃチャンスをつかめません．コメニウスは疑うために疑うみたいなことが問題だ，って考えたんですね．「これでいこう」って選ぶときには，誰でもその選択を信じていますよね．その信念が弱ければ，ちょっと迷いが出るとやめてしまいます．哲学的に考えることは大事だけど，最終的に信念を鍛えることに結びつかないと無意味だ，ということなんでしょう．

高：過去との関連づけは，どんな意味があるでしょうか．

風：歴史や文学って過去に書かれたものですが，それは模範であれ反面教師であれ，私たちがいかに生きるかについて，いろいろ考えさせてくれます．クリスチャンは何かあると聖書，仏教徒は仏典に教えを求めますが，そういうことがイメージされてきませんか．

高：未来に希望を託すってことはイメージしやすいですけど，絶望が深くて未来を信じられないこともありますよね．

森：キング牧師が「私には夢がある」って演説した時，アメリカには高い人種の壁があったわけですね．夢とか希望っていうのは，「それにもかかわらず」抱かれるんじゃないでしょうか．それって理性的な予測を超えていますよね．コメニウスが宗教と関連づけるのが，わかるような気がします．

風：日本は，江戸時代には世俗化してしまった特殊な社会だっていわれます．宗教も心の安らぎのためにあると思っている人が多数派でしょう．希望っていう言葉も，「希」って薄いとか微かって意味なんで，力強さに欠けます．

　でも，ある願望がそれ自体としては望み薄なのに，繰り返し望まれることで実現してしまうことって，いつもではないけど，本当にあるんですね．ロバート・マートンという社会学者が「予言の自己成就」って呼んで，研究しています．

高：コメニウスはチェコを追われて流浪の人生を送ったんですが，ウェストファ

「希望は未来にあり！」

リア条約が結ばれて，もうチェコに戻ることができないって決まった後に，「いつかチェコ人が自身の統治を取り戻す時が来る」って書いたんですね．その時は，まったく望み薄だったわけです．でも，この言葉はチェコ人のなかに生き続けて，1918年にチェコスロヴァキアとして独立が果たされたんです．

森：初代の大統領になったトマーシュ・ガリグ・マサリクが，就任演説の最初に読みあげたのはコメニウスの言葉だったんですよね．

高：でも，チェコスロヴァキアは，それから20年でナチス・ドイツによって解体されてしまって，第二次世界大戦後の40年間は，今度は旧ソ連の影響下にありました．再び自由が取り戻されたのは1989年の11月のことでした．

森：ビロード革命ですね．大統領になったハヴェルは，今度は演説の最後にコメニウスの言葉を引いたんでしたね．

高：1990年の元旦にプラハ城から放送された演説は，本当に印象的でした．忘れることができません．

風：未来に希望を抱いたからといって，それが実現するとは限りません．思慮深く考えているだけで，何かが実現することもないでしょう．忍耐強く時を待って，帆をあげる時を見定めれば，夢が形になる望みも高まるでしょう．コメニウスの言葉って味わいがありますよね．ビロード革命にはコメニウスの精神が脈打っていると思うんです．ぜひ，生きたお話をうかがいたいです．

高：その話になると止まらなくなるので，まずお開きにしてからということで……．

森：2か月半があっという間でした．最初は，もっと学校とか教科書とかいったテーマになるかなと思ってましたけど，教育を広い視点から考えられました．

風：そう言っていただけれると，嬉しいです．でも，それは，パトチカがいうように，コメニウスが開けた魂の持ち主だったからでしょう．コメニウスは，物事を分析するだけじゃなくて，総合して，さらにそれを別のことに関連づけるっていうオープンな発想の持ち主ですからね．

高：じゃあ，オンライン・パーティーといきましょう．お2人に送ったアレは届

いていますね（微笑）.

森：＜コメニウス＞っていう銘柄のビールには驚きました．モラヴィア産ですね.

高：そんなに高くないので気になさらないでください．コメニウスが描かれた200コルナ札で２本は余裕で買えます．しかし，先生からオロモウツのトゥヴァルーシュキを送ってもらうとは思いませんでしたね．チェコ食品のゲテモノ・ランキング上位ですよ（小呆）.

ナ・ズドラヴィー（乾杯）！
（もちろんエアーで）

風：チーズって，そもそも発酵食品なのに，それにビールをかけてさらに発酵させるって，強烈過ぎですよ．ある人にあげたら，「クレゾールみたいだった」って言われました.

森：私からは，田舎から送ってきたお米でついたお餅をお送りしましたけど，チーズを載せて海苔で巻いて磯辺焼き風にすると合うと思って，やってみました.

風：考えることは同じですね（微笑）．私もやってみました．ただ，しばらくオーブントースターは使えませんね．匂いがすごくて…….

高：でも，旬にこだわる森さんが梅雨どきにお餅とは？　これはひょっとして…….

風：私がつまらないことを言ったのまで覚えておられるんですか…….

森：そうです．私の精神は印刷力が高いんです（微笑）．では，連帯責任でいきましょう.

高：言った直後に乾杯ということでいいですか？
　では，先生，ご発声を！

風：こうなったら，恥も外聞もなく，いきます．……餅をつくには？

全員：米に臼！　ナ・ズトラヴィー（乾杯）！！

コメニウスが青年時代に著した小説『地上の迷宮と心の楽園』の草稿に収められた図（チェコ国立
図書館，オリジナルは彩色されている）.
中央広場をはさんだ6つの街路には上から家族，職人，学識者，宗教者，君主，兵士が描かれている.
中央右端で世俗の虚栄を象徴しているのが幸運の城である.
図中に点在する死神と棺が生のはかなさを示している.

あとがき

　本書の目的は，17世紀チェコの思想家ヨハネス・アモス・コメニウスの教育観を現代の教育論議と関連づけ，教育について一歩踏み込んで考えるきっかけを提示することです．コメニウスと私たちの間には，歴史的・空間的な距離がありますが，無関係とはいえません．知識を補い想像力を働かせれば，むしろその距離がテコになり，私たちの現在をとらえ直すヒントが得られるはずです．

　2019年秋，チェコ共和国の独立記念日のパーティーに出席した際，私は，チェコセンター東京の高嶺エヴァ所長から，コメニウス没後350年の記念行事についてご相談を受けました．久しぶりに口にしたチェコのビールと料理のおかげか，私は二つ返事で引き受けました（軽率）．そして，チェコ倶楽部の林幸子代表と企画にとりくみ始めました．しかし，新型コロナウィルスの猛威のために，2020年3月末に予定された記念行事は中止になり，何かできないかと考えていた散歩中，本書の着想に至りました．

　しかし，お断りしておきますが，本文中の高田エレナと森有紀子の発言は，もちろん私の創作で，文責はすべて私にあります．クレーム等送られないようにお願いします（平身低頭）．逆に，少しでも本書を楽しく読んでいただけたら，それは本書の企画に理解を示してくださったお2人との出会いのおかげです．感謝とともに本書をお贈りします．

　本書の執筆にあたっては，コメニウス研究の先達の太田光一先生からご高配いただきました．コメニウスは，日本ではもっぱら『世界図絵』と『大教授学』で知られ，『総合的熟議』という社会改善の構想は，まだ十分に知られていません．太田先生は，2015年から『総合的熟議』の日本語訳の出版を開始され，コメニウス没後350年の節目に，第3部『パンソフィア』と第6部『パンオルトシア』が出ることになりました．太田先生には，校正中の『パンソフィア』の原稿を見せていただきました．

　本書は，『パンオルトシア』の翻訳作業のお手伝いと並行して書き進めました．引受先はなかなか見つからないだろうと思いましたが，『しょうせつ教育原論202X』の出版でお世話になった，晃洋書房の福地成文さんに相談したところ，本書の意義を理解してくれ，嬉しいことにコメニウス没後350年の命日の11月15日付けでの出版が実現しました．

　私の著作の中では，今までで最も薄いものになりましたが，限られた分量に可能な限りの内容をバランスよく盛りこもうと，何度もリライトを重ねました．本書では，とくに読みやすさを重視し，人名・地名・事項を厳選しました．そのため，索引は付けていません．原典の書誌も割愛しました．他方，いくつか図表を入れました．コメニウスといえば『世界図絵』で，故郷のチェコは日本に引けを取らないアニメ大国でもあるので，やはりイラストは不可欠と考え，以前からお世話になっているジョージマ・ヒトシ氏にお願いしました．限られた時間で複雑なリクエストに応えていただきました．

　20世紀末，冷戦が終結し，コメニウスの故郷に自由が回復した時，世界は多様性を認め合う方向に進むように思われました．しかし，グローバリゼーションは世界の画一化と格差を同時に拡大し，それへの不安と抵抗なのか，「新しい冷戦」といわれる状況が生じ，分断と亀裂が深まっています．協調を拒む人々同士の拠りどころも「多様性」であるのは実に皮肉なことです．

　この問題は教育にも影響しています．多様性という言葉が独り歩きし，「何でもあり」という風潮のなかで，素朴な思い込みのような主張が，十分に検証されることもなく世の中に拡散され，教育に関わる誰もが困り感を抱えるようになってはいないでしょうか．たとえば，次のような声を聞かない日はありません．

学習をめぐって——

　自分らしく．期待はストレス．モチベーション次第．知識よりも経験．詰め込みや押しつけはダメ．

教育をめぐって——

　個に寄り添え．内面を読みとれ．人間関係だ．認め合うことだ．誉めることだ．教師は友だち．コストや時間を言うな．やり方次第だ．

教育と社会をめぐって——

　学校だけが人生じゃない．学校教育は役に立たない．仕組みが悪いからダメ．

　どの主張にも，一理はあるでしょう．しかし，深く自分を見つめるところから出発し，広い視野をもって考えられているでしょうか．困ったことに，思い込みというのは誰にでも簡単にでき，容易に頑固な信念になります．すると，社会には，好き勝手に主張が拡散されるだけで，見直しも発見も生まれなくなります．

　コメニウスは，ヨーロッパが近代に入ろうとする混迷の時代を生きました．21世紀とは異なりますが，不確実で，あらゆる関係が危機に陥った時代でした．彼

は，自身を見つめ，世界と歴史を見渡し，部分的な見方に陥らないように試行錯
誤を繰り返し，さまざまな考え方や感じ方をもった人間が，その可能性を開き，
共生することのできる，平和への道を展望したのです．

　コメニウスの思索には，21世紀の日本でも受け入れられる部分も，そうでない
部分もあります．しかし，教育に限っても，私たちの素朴な思い込みを見直すた
めのヒントに満ちています．それは，しつこいくらいの試行錯誤を経ているから
です．本書を一読して違和感があったという方は，その引っかかりを大切にして
再読してください．それまでの考えを見直せるかもしれません．結局は何も見直
されないかもしれません．しかし，どちらにしても，得られた考えが以前より思
慮深いものになることだけは間違いありません．

　本書をきっかけに，コメニウスの著作に触れていただければ嬉しいです．本書
で引用した彼の言葉のうちには，まだ日本語訳が出ていないものもありますが，
日本語で読める主な文献は以下のとおりです．

①鈴木秀勇訳『大教授学』2巻，明治図書出版，1962年．
②藤田輝夫訳『母親学校の指針』，玉川大学出版部，1986年．
③井ノ口淳三訳『世界図絵』，平凡社〔平凡社ライブラリー〕，1995年．
④藤田輝夫訳，相馬伸一監修『地上の迷宮と心の楽園』，東信堂，2006年．
⑤太田光一訳『パンパイデイア』，東信堂，2015年．
⑥太田光一訳『覚醒から光へ──学問，宗教，政治の改善』，東信堂，2016年．
⑦太田光一訳『パンソフィア──普遍的知恵を求めて』，東信堂，2020年．
⑧太田光一，相馬伸一共訳『パンオルトシア──世界会議の創設』，東信堂，
　2020年．

　また，コメニウスの思想と行動の全体的な概要について関心を持たれた方は，
拙著『ヨハネス・コメニウス──汎知学の光』（講談社〔講談社選書メチエ〕，2017）
をご参照ください．

　本書は，科学研究費基盤研究（B）「教育思想史のメタヒストリー的研究」
（17H02673）の研究成果を社会的に還元しようとするものです．

　　2020年10月2日　広島にて平和を願いつつ

　　　　　　　　　　　　　　　　　　　　　　　相 馬 伸 一

《著者紹介》

相 馬 伸 一（そうま　しんいち）

　1963年，札幌生まれ．
　1994年，筑波大学大学院博士課程教育学研究科単位取得退学．
　2000年，博士（教育学）（筑波大学）．
　現在，佛教大学教育学部教授．教育哲学会，教育思想史学会理事．

[著　書]
『しょうせつ教育原論202X』（晃洋書房，2019）．
『コメニウスの旅——〈生ける印刷術〉の四世紀』（九州大学出版会，2018．同
　　会第9回学術図書刊行助成対象作，第16回佛教大学学術賞（社会科学部門）
　　受賞）．
『ヨハネス・コメニウス——汎知学の光』（講談社〔講談社選書メチエ〕，
　　2017）．
『教育的思考のトレーニング』（東信堂，2008）．
『教育思想とデカルト哲学——ハートリブ・サークル　知の連関』（ミネルヴァ
　　書房，2001）．

[訳　書]
コメニウス，『パンオルトシア——世界会議の創設』（共訳，東信堂，2020）．
ヤン・パトチカ，『ヤン・パトチカのコメニウス研究——世界を教育の相のも
　　とに』（編訳，九州大学出版会，2014．日本学術振興会研究成果公開促進費
　　助成）．
コメニウス，『地上の迷宮と心の楽園』（監修，東信堂，2006）．

挿画・カバーイラスト
ジョージマ・ヒトシ
　漫画家・イラストレーター・キャラクターデザイナー．
　福岡県生まれ．
　國學院大學卒業．
　第25回読売国際漫画大賞「佳作」受賞．

オンライン教育熟議 オン・コメニウス

2020年11月15日　初版第1刷発行　　＊定価はカバーに
　　　　　　　　　　　　　　　　　　　表示してあります

　　　　　著　者　相　馬　伸　一 ©

　　　　　発行者　萩　原　淳　平

　　　　　印刷者　藤　森　英　夫

発行所　株式
　　　　会社　晃　洋　書　房

〒615-0026　京都市右京区西院北矢掛町7番地
　　　　　　電話　075 (312) 0788番㈹
　　　　　　振替口座　01040-6-32280

装丁　野田和浩　　　　　印刷・製本　亜細亜印刷㈱

ISBN978-4-7710-3440-2

しょうせつ教育原論202X

教育学を小説de詳説！

教育の理念・歴史・思想を小説形式で学べる新思考の教育学テキスト

相馬 伸一 著

軽いスマホ依存の開（カイ）は、通い始めた教育学部で安易な学びの姿勢に気づかされ、祖父との語らいから教育についての学びにハマっていく……。1人の学生の視点をとって教育の理念・歴史・思想を学ぶ、まったく新しい発想の教育学テキスト。教職課程コア・カリキュラムに完全対応。学習課題や参考図書も例示し、自己学習にも最適な1冊。

ISBN 978-4-7710-3172-2
A5判 並製本 368頁
¥2,600 円（税別）